제대로 알면 성공하는
보험 재테크 상식사전

보험 궁금증
달인에게
물어보세요
1

제대로 알면 성공하는

보험 재테크
상식사전

김동범 지음

중앙경제평론사

보험의 올바른 활용 방법

이제 보험은 단순한 선택이 아닌 우리 생활에 없어서는 안 될 주요한 생활필수품으로 자리 잡았다. 온라인과 오프라인을 불문하고 보험 분야도 완전히 열린 시장이 되면서 각종 매체를 통해 하루가 멀다 하고 새로운 보험 상품들이 속속 등장하고 있다. 인터넷을 검색해보면 수많은 보험 사이트가 즐비하고, 그곳에서 판매하는 상품이 몇 가지 품목인지 헤아릴 수 없을 정도로 많은 실정이다.

은행, 증권, 홈쇼핑, 방송 광고 등에서는 늘 "좋은 보험 상품이 있다"라고 서로 앞다투어 보험가입을 권유한다. 그러나 이제는 일반인들도 보험에 대한 시야가 트여 웬만한 보험업 종사자들보다 지식이 더 많은 경우도 있다. 어떤 상품이 자신에게 더 알맞은지 비교 검토를 하면서 스스로 선택해 가입하기도 한다.

그러나 보험 상품에 가입할 때에는 정말 신중해야 한다. 특히 납입 규모가 큰 맞춤식 주문형 복합 상품은 단순히 좋다고 하여 무작정 가입했다가는 그야말로 큰코다칠 수 있다.

한 번의 구매, 즉 돈의 일시 지불로 그 시작과 끝을 깨끗하게 맺는 유형의 제조품과 달리 무형의 보험은 가입한 시점부터 그 상품의 효용성이 모두 끝나는 시기까지 길게는 평생 매월 돈을 지불해야만 하는, 막중한 책임과 부담감이 뒤따르는 장기 상품이기 때문이다. 또한 일단 구매하고 나면 납입을 포기하지 않는 이상 리콜(recall)이 없는 상품이 바로 보험이다.

보험은 잘 가입하면 어떠한 상품보다도 그 효용 가치가 충분히 발휘되어 시너지 효과를 톡톡히 볼 수 있다. 생활에 도움이 되고 경제적 안정은 물론 마음의 평안까지도 가져다주는 너무나 좋은 신용 상품이다. 그러나 한번 잘못 가입하면 계륵과 같이 되어버리는 것이 또한 보험이다.

이렇게 보험이 애물단지가 되면 가정의 행복이 아닌 자칫 불화의 원인이 될 수도 있다. 가입 후 중도 해지를 하게 되면 그 손해는 불 보듯 뻔하고, 마음에 안 드는데 어쩔 수 없는 처지에 놓여 가입했다면 매달 보험료를 낼 때마다 보기 싫은 물건 대하듯 짜증이 날 것이다. 각종 판매 채널 조직에서 특정 보험 상품을 추천한다고 해도 무작정 구매해선 안 되는 근본 이유가 바로 여기에 있다.

보험은 가입이 중요한 게 아니라 보험사고가 발생하는 그날까지 아무 탈 없이 유지되도록 잘 관리하는 것이 훨씬 더 중요하다. 어쩌다가 깜빡 잊고 보험료를 연체하여 그 효력이 상실되기라도 한다면, 설상가상으로 하필이면 그러한 때 사고라도 나서 보험금을 한 푼도 못 받는 어처구니없는 일을 당하게 된다면 이는 실로 기가 막힐 노릇이 될 것이다.

보험에 가입하는 진정한 목적은 마음의 평화와 경제적 보호를 통한 가정의 행복, 그리고 좀 더 안락한 삶의 추구 등 복합적이니만큼, 가입한 보험 상품은 특별한 하자가 없는 한 어떠한 일이 있더라도 기초 생활비라 생각하면서 유지해나가야 한다.

문제는 맨 처음 보험에 가입할 때 자신에게 가장 알맞은 보험 상품을 어떻게 고르고 얼마를 지불해야 적당하며, 어떤 채널을 통해서 누구에게, 또 어느 회사의 상품을 가입해야 최적의 만족과 최고의 효과를 볼 수 있는가를 파악하는 것이다.

따라서 이 책에서는 이와 관련된 모든 현안을 실타래를 풀어나가듯이 하나하나 세밀히 파헤치며 그 솔루션을 제시했다. 모든 사람이 보험을 잘 알고 올바로 가입할 수 있도록, 가장 기초적이면서도 미처 깨닫지 못했던 보험 관련 지식의 편린들을 쏟아놓았다. 이 책을 읽고 난 후 보험 상품을 선택할 때는 좀 더 넓은 시야로 상품과 그 저변에 있는 불가분의 요소들을 훑어보고 객관적으로 취사선택할 수 있는 지혜가 쌓여 있을 것이다.

보험은 이론에서부터 상품 개발 및 설계 방식, 관련 법률, 보험 용어, 마케팅 방식, 보험사고 범위, 보험금 지급 절차 등에 이르기까지 그 내용이 매우 폭넓고 깊어 사실 이해하기 어려운 부분도 상당히 많다. 이 책에서는 난해한 부분을 최대한 이해하기 쉽게 풀어 설명하려고 노력했다.

한마디로 이 책은 보험의 본질적 가치와 효용성을 심도 깊게 제시하여 보험을 잘 알고자 하는 사람은 물론 보험에 가입하려는 사람이나 이미 가입한 사람, 또는 보험가입을 권하려는 사람에게 어떻게 대처하는 것이 가장 현명한지를 알려주는 보험 길라잡이라고 할 수 있다.

이 책에서는 사다리를 타고 지붕에 올라가듯이 왜 보험이 생겨났으며 가정에 보험이 왜 필요한지, 또한 어떻게 유지하고 관리해야만 하는지 등 보험을 둘러싼 주요 궁금증에 대한 해답을 일목요연하게 제시하고자 했다. 그간 보험 관련 지식에 목말라 했던 이들의 여러 현안을 시원하게 해갈해줄 것이라 여긴다.

모쪼록 공들여 내놓은 이 책이 보험에 가입한 사람이나 앞으로 가입하려는 사람, 그리고 보험을 알고 싶어 하거나 권하려고 하는 모든 이들의 가슴에 와닿기를 바란다. 보험의 깊은 본질과 진실한 효용 가치를 몸소 느끼면서 그들의 삶이 좀 더 알차게 여물길 바라는 마음 간절하다.

김동범

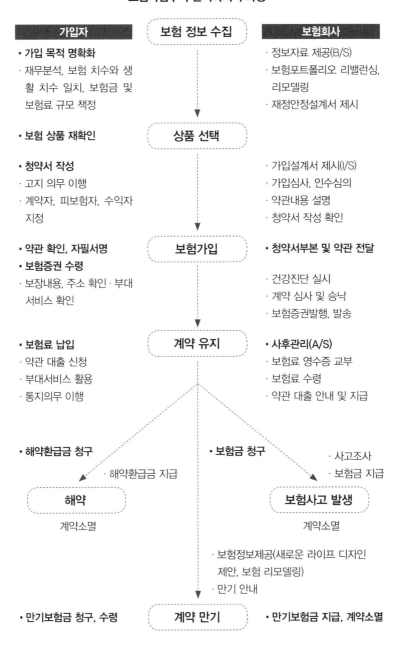

• 보험가입부터 만기까지의 과정 •

가입자	보험 정보 수집	보험회사
• 가입 목적 명확화 · 재무분석, 보험 치수와 생활 치수 일치, 보험금 및 보험료 규모 책정		· 정보자료 제공(B/S) · 보험포트폴리오 리밸런싱, 리모델링 · 재정안정설계서 제시

상품 선택

- **보험 상품 재확인**

- **청약서 작성**
  - · 고지 의무 이행
  - · 계약자, 피보험자, 수익자 지정

  · 가입설계서 제시(I/S)
  · 가입심사, 인수심의
  · 약관내용 설명
  · 청약서 작성 확인

보험가입

- **약관 확인, 자필서명**
- **보험증권 수령**
  - · 보장내용, 주소 확인 · 부대서비스 확인

- **청약서부본 및 약관 전달**
  · 건강진단 실시
  · 계약 심사 및 승낙
  · 보험증권발행, 발송

계약 유지

- **보험료 납입**
  - · 약관 대출 신청
  - · 부대서비스 활용
  - · 통지의무 이행

- **사후관리(A/S)**
  · 보험료 영수증 교부
  · 보험료 수령
  · 약관 대출 안내 및 지급

- **해약환급금 청구**
  · 해약환급금 지급

- **보험금 청구**
  · 사고조사
  · 보험금 지급

해약

계약소멸

보험사고 발생

계약소멸

· 보험정보제공(새로운 라이프 디자인 제안, 보험 리모델링)
· 만기 안내

- **만기보험금 청구, 수령**

계약 만기

- **만기보험금 지급, 계약소멸**

차례

1장 보험의 존재 이유

2장

보험 상식 올바로 알기

보험의 종류 및 보험 상품의 형태별 특성

3장

알쏭달쏭 정말 궁금한
보험 풀이

4장

5장
보험 혜택
많이 보는 꿀팁

1장
보험의 존재 이유

"우리 생활에 보험은 꼭 필요하다. 경제적 성공으로 가는 길목에 걸림돌로 작용하는 위험을 사전에 헤지(hedge)해줌으로써 큰 재앙을 극복하고 자신과 가족에게 재정적 안정은 물론 마음의 평안까지 안겨주는 디딤돌이 되기 때문이다." **– 김동범**

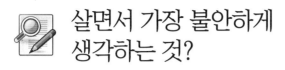

살면서 가장 불안하게 생각하는 것?

　사람이 일평생을 살아가면서 가장 소망하는 것은 자신이 뜻하는 바와 적성에 맞는 좋은 직업을 갖고 사랑하는 사람과 알뜰히 가정을 일구어 가족 모두 아무 탈 없이 편안하고 즐겁게 행복을 누리는 삶일 것이다. 이것이야말로 더없이 만족스러운 삶의 영위이다.

　그런데 '인간 만사 새옹지마'라 하듯 인생살이에는 수많은 우여곡절이 있으며 이에 따라 우리는 크든 작든 간에 근심과 걱정거리를 안고 살아간다. 사회가 복잡다단할수록 근심과 걱정은 정비례하여 쌓여가는데, 그 이유는 현재의 생활이 불안정하거나 미래가 불확실하기 때문이다.

　그래서 아득한 옛날부터 사람들은 일상생활에서 발생할 개연성이 있는 다양한 위험과 불확실성을 피하기 위하여 온갖 지혜를 짜내면서 안전한 수단과 방법을 모색하려고 노력했다. 잦은 질병과 사고, 도난, 맹수들로부터의 위협, 전쟁, 죽음, 자연재해로 인한 손실, 천재지변 등 불가항력적인 인적(人的) 사고와 경제적 궁핍, 의식주 해결 등 각종 위험 (危險, risk)으로부터 위협을 느끼면서 이에 따른 근심과 걱정, 불안과 공포로부터 벗어나기 위해 어떻게 하면 이를 해소할 수 있는지 다각적인 방법을 강구한 것이다.

그 결과 불안은 크게 2가지 측면, 즉 정신적 측면인 마음의 불안과 경제적 측면인 생활의 불안에서 비롯된다는 것을 몸소 깨달았다.

우선, 정신적인 측면에서 마음의 불안을 해소하려면 안정을 취해야 하므로 초자연적인 힘에 의지하는 것이 제일이라고 생각했다. 그리하여 이의 수단으로 무속신앙이 발달하였고 부적이나 굿, 점술 등에 기대어 마음의 평안을 찾으려고 애썼다. 이러한 토속신앙이 점점 발달하면서 오늘날과 같이 다양한 신흥 종교가 탄생했으며, 심신을 단련하고 치유하기 위해 도(道)를 닦거나 참선을 하고 자기관리를 하면서 정신수양을 하게 되었다.

이렇게 하여 마음의 불안은 어느 정도 달래줄 수 있었지만 경제적인 불안은 떨쳐버릴 수 없었다. 혼자서는 살아가기가 너무 벅차고 힘들었다. 사고라도 나면 해결할 방법이 막막했다. 그래서 자연히 이웃과 함께 일하게 되고 서로 도우며 생활하는 공동체 의식이 싹텄다.

그리고 조금이라도 경제적 여유가 있을 때 이를 갈무리해두었다가 필요할 때 요긴하게 쓰는 지혜도 터득했다. 이와 같이 경제적인 불안을 해소하기 위한 방법은 미리 아껴 모으고 상부상조하는 길밖에 없다고 생각했고, 그 수단으로 저축(貯蓄, saving)과 보험(保險, insurance) 등 금융 신용 상품이 태동하게 된 것이다.

즉, 우리 인간은 마음의 불안을 떨쳐버리기 위해 정신 수양을 하면서 무속신앙과 신흥 종교를 만들었고, 경제적인 생활의 불안을 떨쳐버리기 위해 저축과 보험을 만든 것이다.

· 불안을 해소하는 방법 ·

근대적 보험이 도입되기 전, 보험 개념과 유사한 기능을 하는 제도로 우리나라에는 생활공동체로서 계(契)와 두레라는 조직이 있었다. 삼한 시대부터 성립된 협동 조직인 계는 이웃이나 친족이 불행한 사고로 피

해를 당하면 서로 함께 돕는 상호부조 제도로서 현대 보험의 효시라 할 수 있다. 두레는 조선시대 농촌에서 소농경영(小農經營)의 어려움을 극복하기 위해 만들어진 것으로, 농번기 등 농사일이 바쁠 때 또는 마을에서 노동이 필요한 일이 발생했을 때 서로 힘을 모아 공동으로 일하는 마을 단위의 작업 공동 조직체였다.

서양에는 상인들이 상호부조의 정신으로 결합한 사적 결합 조직인 길드(guild)와 고대 그리스·로마 시대부터 19세기 초반 무렵까지의 제도로서 선박 또는 적하물을 담보로 하는 위험 전가 성격을 띤 금전 소비대차의 일종, 즉 모험대차(冒險貸借, bottomry)가 있었다.

오늘날에도 사람들은 불안을 해소하기 위하여 정신적 안정(마음의 평화)과 생활의 안정을 모색하고 있는데 이 중 하나라도 부족해지면 살아가는 데 갖은 어려움이 생기게 된다.

만약 정신적으로 안정되어 마음이 풍요롭다고 하더라도 경제생활에 대한 보장이 없고 아무런 뒷받침도 없다면 그것은 사상누각처럼 일시적인 풍요에 지나지 않는다. 바른 씀씀이에도 고민을 안겨주다 보니 정서적으로 더 불안해져 자칫 삶의 의욕까지 상실할 우려가 있다. 경제사회인 요즘 세상에서 행복은 이 2가지의 필요충분조건 아래 싹트고 또 자란다는 것이 불문가지이기 때문이다.

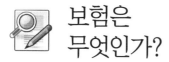

보험은 무엇인가?

사람마다 다소 차이는 있으나 대부분의 사람들은 한평생을 살아가면서 '출생 → 성장 → 결혼 → 육아 → 노후'라는 인생 과정, 즉 생활사(生活史, life cycle)를 겪는다. 그런데 일상생활이 본인의 희망대로 평탄하게만 흘러가기는 그리 쉽지 않다. 특히 날이 갈수록 경제력(돈)이 삶의 질을 가름하는 척도가 되어가는 사회 환경에서 이러한 욕구를 충족시키기 위해 중요한 기본 요건 중 하나는 소득의 보장으로 경제적 안정을 유지하는 것이다.

보험이 갖는 경제적 이론의 바탕은 인간의 경제적 가치, 즉 한 사람이 전 생애에 걸쳐 획득할 수 있는 소득 가치의 총액이며, 여기서 보험의 기본적인 기능은 이 가치를 시간의 흐름과 관계없이 보장해주는 것이다. 삶의 여정 내내 경제적 안정을 지속적으로 유지하는 것은 인생 과제로서 과학적이고 체계적인 방법으로 자산을 축적하는 방법 중 가장 중요한 요소라 할 수 있다.

인간의 경제적 가치를 파괴하거나 감소시켜 경제적 안정을 위협하는 요인으로는 ① 각종 질병이나 재해 또는 사고로 인한 조기 사망, ② 질병이나 사고에 따른 장해로 인한 소득의 중단, ③ 노령화에 따른 경제활동 능력의 쇠퇴로 인한 소득의 손실, ④ 실직에 따른 소득의 중단, ⑤ 사회 활동 중 다른 사람에게 손해를 끼침에 따른 배상 책임, ⑥ 우연한 사고로 인한 재산의 손실 또는 감소, ⑦ 각종 채무의 증가로 인한 가족의 경제적 궁핍 등이다. 이 7가지 중에서 이론상 보험의 대상이 되는 위험은 ④ 실직에 따른 소득의 중단을 제외한 6가지이다.

보험은 이러한 위험으로부터 발생되는 경제적 손실을 보상(보장)하여 경제력의 안정을 유지시킴으로써 가정생활의 안정은 물론 개인의 고차원적인 욕망을 충족할 수 있게 하는 재정 안전망 역할을 한다.

보험은 사람이 일생을 살아가는 동안에 언제 어느 때 어느 곳에서 발생할지도 모를 질병이나 사고, 부상, 상해, 사망, 재해, 재난, 실업(퇴직), 화재, 도난, 풍수해 등에 대비하여 혹시 입게 될지도 모를 경제적인 손실을 보전하고자 만들어진 재정 안정장치이다. 경제사회에서 사람이 한평생을 살아가면서 경제적 안정을 지속적으로 유지한다는 것은 행복의 시금석이며, 이를 해결할 수 있는 최선의 방법은 바로 보험이라고 할 수 있다.

따라서 보험의 개념을 다음과 같이 정의 내릴 수 있다. 보험(保險, insurance)은 동일한 위험에 노출된 다수의 피보험자가 공동 풀(pool)을 만들고 불의의 사고를 당하여 생명이나 재산상의 손실을 입었을 경우 보험회사가 그 손실에 상응하는 금전적 보상 혹은 그와 관련된 서비스를 제공한다는 내용을 계약을 통하여 전가(轉嫁, imputation)받은 피보험자 손실 보전의 사회적 재정 안정 제도이다.

이론적으로 좀 더 자세히 설명하면, 보험은 사람이 어떤 위험한 사고의 발생 확률을 어느 정도 예측할 수 있으면서도, 누구나 공통적으로 느끼는 일정한 형태의 각종 우연한 사고의 발생에 대비하여, 그 경우에 일어날 수입과 지출의 균형을 유지할 목적으로, 많은 사람이 서로 결합하여 대수의 법칙을 응용한 확률 계산에 따라 합리적으로 계산된 분담금(分擔金)인 보험료를 갹출(醵出)하여 공동의 준비 재산을 마련하고, 불의의 사고가 발생하였을 경우 당사자에게 미리 약정된 보험금을 지급해줌으로써 경제적 손실을 보전시켜 안정적인 생활을 유지할 수 있도록 도와주는, 상부상조 정신에 입각한 경제준비(經濟準備)의 사회적 보전(補塡) 제도인 것이다.

사고가 발생하더라도 최소한 그로 인한 손해를 보상받음으로써 사고 직전의 경제력을 유지할 수 있도록 하여 자립 기반을 마련해주는 제도가 보험이다. 이와 같이 경제적 손실을 보전해주는 제도인 보험은 불확실성의 시대를 살아가는 우리에게는 위험 분산을 통하여 안정된 삶을 유지하게 하는 더없이 중요한 존재가 되었다.

우리의 일상생활은 예측할 수 없는 여러 가지 위험에 노출되어 있기에 항상 위협을 받고 있다. 이로 인하여 경제생활에도 늘 불안 요인이 도사리고 있는 것이 현실이다.

더구나 풍수해와 화재, 교통사고 등 각종 재해사고를 비롯하여 질병이나 신체의 장해, 성인병, 노인성 질환 등 불의의 사고가 과학 및 의학 등 문명의 발달에도 불구하고 날로 증가하고 있으며, 인구의 고령화 현상은 날이 갈수록 심각한 사회문제로 대두되고 있는 실정이다.

이렇게 각종 재해와 불의의 사고가 도사리고 있는 세상을 살아가는 현대인에게 보험은 비상시에 대비한 예비적 경제준비로써 가장 합리적인 수단이므로 그 존재가 오아시스와 같은 금융 제도라고 할 수 있다. 각종 사고로 인한 손해를 효율적으로 제거하고 감소시켜 인간의 기대 효용을 높여주는 소비재인 것이다.

사회의 변천과 고객의 욕구에 따라 보험의 기능은 점점 확대되었다. 오늘날 보험의 정의 또한 언제 일어날지 모를 재해와 질병 등 불확실한 사고에 대비하는 위험 보장 수단이면서도, 언젠가는 반드시 일어날 사고에 대비하는 위험 보장 수단으로 바뀌었다. 예를 들어 연금보험이나 교육보험, 저축성보험 등은 언제 일어날지 모르지만 장래에 반드시 발생할 개연성이 있는 위험에 대비하는 보험 상품이다.

또한 보험은 각종 위험으로부터 소중한 가족의 행복을 지켜주는 생활 안정의 보장 기능(보장 자산 마련)과 더불어 안정되고 여유로운 경제 생활(생활 자산 마련) 및 풍요로운 노후의 인생을 설계(은퇴 자산 마련)해나가는 데 동반자 역할을 하는 재정 안정 기능도 한다. 따라서 보험은 위험에 대한 보장을 주기능(主機能)으로 하면서 금융과 저축 등 경제적 기능을 부수적으로 제공하는 재정 안정 서비스 제도라고 할 수 있다.

보험의 기능

독일의 보험학자인 마네스(A. Manes)가 "보험 없이는 생활도 없다(No Insurance, No Life)"라고 갈파한 바와 같이 뉴밀레니엄 시대를 살아가는 우리에게 보험은 생활 그 자체가 되었다. 보험과 동떨어져서는 생활할 수가 없다고 해도 과언이 아닐 정도로 보험은 생활화되어 있다.

"위험이 있는 곳에는 반드시 보험이 있다"라는 말이 있다. 우리의 일상에 각종 사고의 위험성이 존재하는 한 언제 어디서 발생할지 모르는 여러 가지 위험에서 야기되는 불안감을 해소하고, 그러한 위험으로부터 보호받기 위해 보험은 앞으로도 더더욱 필수적인 존재로 부각될 것이다.

이렇듯 보험은 위험이 존재하기에 발생한 제도이므로, 만약 이 세상에 위험이 전혀 존재하지 않는다면 보험의 필요성은 물론 그 존재의 가치도 없을 것이다. 보험은 사람들의 삶을 안정되게 하면서 삶의 질을 향상시켜주는 사회 안전망(安全網) 역할을 하는 사회보장제도이다.

결국 보험은 오늘을 살아가는 우리에게 내일을 올바로 설계함으로써 미래가 보장되고 안정된 생활을 하게 도와주는, 인간이 만든 각종 제도들 중 가장 과학적이고 합리적이며 고차원적인 제도라고 할 수 있다. 실제로 경제학자들은 보험을 '20세기 최고의 발명품'이라고 말한다.

지금도 보험인들 사이에서 널리 회자되고 있는 "일인(一人)은 만인(萬人)을 위하여, 만인(萬人)은 일인(一人)을 위하여"라는 마네스의 금언은 보험의 기본 정신과 그 역할을 가장 함축적이면서도 의미 있게 표현한 경구(警句)이다.

또 다른 명언으로, 미국에서 보험학이 태동한 1900년 초 펜실베이니아 대학교의 와튼스쿨(Wharton School of the University of Pennsylvania)에서 보험경제학을 가르친 솔로몬 휴브너(Solomon S. Huebner) 교수 역시 이렇게 말한 바 있다.

"보험은 불확정한 것을 확정한 사실로 변화시키는 유일한 수단이므로 보험에 가입하는 것은 인간으로서의 가장 신성한 책무이다. 가정의 행복은 보험에서부터 찾아온다."

보험의 아버지로 불리는 벤저민 프랭클린(Benjamin Franklin)도 "적은 돈으로 미리 대비하는 것은 피해 복구를 위해 큰돈을 쓰는 것만큼 가치 있는 일이다"라고 언급하기도 했다. 보험의 개념과 더불어 보험가입의 필요성을 적절히 제시한 말이라 할 수 있다.

보험은 생활과
어떤 관계가 있나?

　생로병사(生老病死)는 우리네 인생 과정에서 누구나 반드시 겪고 지나가야 할 운명의 길이다. 간혹 큰 우여곡절 없이 만수 무병하면서 사는 사람도 있지만 서구화된 식생활과 문명의 이기로 뒤덮인 세상에서 각종 질병, 교통사고, 산재, 화재 등 질병과 사고를 한 번이라도 겪지 않고 한평생을 살아가기는 불가능하다. 죽음과 노후는 누구에게나 오는 필연적인 사실인데 그것이 나에게 언제 닥칠지는 아무도 모른다.

　이렇게 우리는 불확실성의 시대를 살아가고 있다. 우리는 일상생활에서 질병, 부상, 사고, 재해 등 수많은 위험에 직면해 있다. 따라서 항상 존재하는 생활상의 위험에서 벗어나려면 든든한 대비책을 평상시에 세워놓아야 한다.

　만일 우리 가정이 질병이나 재해 등의 상황에 닥쳤을 때 그 위험 부분을 최소화하고 경제적 부담을 상쇄할 수 있는 방법은 보험밖에 없다. 보험은 위험을 분산하고 관리하는 제도로서 사람이 살아가는 데 위험을 관리하는 가장 효과적인 방법이다.

어느 날 갑자기 생때같은 가장이 질병 혹은 사고로 사망한다거나 또는 후유 장해를 당한다면 가족에게 필요한 것은 뭐니 뭐니 해도 돈이다. 장수를 해도 마찬가지다. 기나긴 노후를 안락하고 풍요롭게 살아가려면 반드시 경제적 뒷받침이 있어야 한다. 현대의 생활에서 경제적으로 해결하지 않고 이루어지는 것은 아무것도 없다. 일상생활 중 개인의 관심사에서도 경제적인 안정이 가장 중요시되고 있는 상황이다.

그래서 인생에서 가장 중요하게 생각하는 가치관도 지금 당장 중요한 '생활의 안정'을 꼽고 있다. 따라서 위험 관리 수단인 보험을 통해 경제적인 안정을 이뤄 생활의 불안을 해결해야 한다. 보험만이 만약의 사태를 책임지고 해결할 수 있는 가장 효과적이고 효율적인 안전장치이기 때문이다.

즐겁고 편안하게 생활하고 살갑게 배려하고 사랑하면서 기쁘고 행복한 마음으로 살아가는 것이야말로 가장 훌륭한 삶이다. 그러나 병마와 사고로부터 자유로운 사람은 없다. 보험은 그 예기치 못한 병마와 사고로 인해 발생하는 불행으로부터 가족의 미래 생활을 보장해준다. 우리가 마음 편히 숨 쉬며 삶을 이끌어갈 수 있는 가장 합리적인 대안인 것이다.

따라서 보험은 불행한 미래를 끝까지 챙겨주고 보살펴주는 인생 도우미이며 가정경제의 지킴이라 할 수 있다. 즉 자기 사랑과 가족 사랑,

그리고 이웃 사랑을 실천하는 행복 설계 수단이다. 보험은 생활이고 생활은 보험이라고 할 수 있을 만큼 보험은 우리 생활과 불가분의 관계를 맺고 있다. 날이 갈수록 미래에 대한 불확실성이 증가하고 이로 인해 불안과 걱정이 가중되면서 이에 대비하는 보험가입도 점점 일반화되고 있는 추세다.

가정의 경제적 불안을
야기하는 동인은?

우리는 주위에서 행복했던 가정이 어느 날 가족의 주 소득원인 가장(家長)의 불행한 사고로 하루아침에 비참한 상황에 놓여 운명 탓으로 돌리며 살아가는 눈물겨운 모습을 접하곤 한다. 반면 그런 불행한 사고를 당했어도 꿋꿋이 일어나서 생활의 안정을 되찾아 예전의 행복했던 시절로 돌아가려 애쓰는 감동 어린 아름다운 모습을 접하기도 한다.

우리가 일반적으로 말하는 가정 행복의 조건은 건강과 경제적 생활 안정, 마음의 안정, 가족 간의 우애다. 이 중에서 가족 간의 우애는 평상시 서로 이해하며 돕고 사랑하는 풍토가 조성되면 된다. 그러나 건강과 생활의 안정은 뜻대로 되지 않는다. 아무리 별 탈 없고 건강한 사람이라 해도 언제 어느 때 건강이 나빠지고 생활이 불안정해질지 예측할 수 없는 것이다.

더구나 날이 갈수록 미세먼지, 각종 오염 물질 등 환경 공해가 심해지고, 일터에서의 치열한 경쟁으로 스트레스를 받아 건강을 해치기 쉬우며, 교통 문화가 발달하여 사고를 당하기도 쉬운 현대사회에서는 아무도 건강과 생활의 안정을 보장할 수 없다. 이는 곧바로 마음의 불안을 야기해 삶을 더욱 괴롭게 만든다.

일반적으로 가정이 경제적으로 불안해지는 원인을 종합적으로 살펴보면 다음과 같이 10가지 범주로 정리할 수 있다.

가정의 경제적 불안을 야기하는 주요 동인
1. 노령, 치명적인 질병 및 상해, 사망 등으로 인한 영원한 소득의 상실
2. 불의의 사고로 부모(특히 가장)의 조기 사망으로 인한 가정경제의 회생 불능
3. 주식, 벤처 기업, 펀드, 부동산, 가상화폐, 대출 등 투자로 인한 자산 손실
4. 과소비, 보증 등 잘못된 자기 관리 및 처세로 인한 개인적 손실
5. 자연재해, 인플레이션(물가 상승) 등 불가항력적인 손실
6. 심한 질병과 중대한 상해, 실업 등으로 인한 일시적인 소득의 상실
7. 예상외의 추가 지출, 저수입, 긴급 필요 자금 발생 등으로 인한 소득의 일시적 불안정
8. 부모의 불화로 인한 이혼, 별거 등으로 자녀들의 양육 불안정
9. 무능, 깜냥 및 향상심의 부족, 의욕 저하로 인한 부모로서의 경제적 능력 상실
10. 도벽, 방탕, 가족 간의 불화로 인한 자산의 누수 현상 발생 등

이 중 가장 큰 경제적 불안 요소는 1번과 2번 항목이다. 9번은 부모 개인의 기본 역량 문제이고 10번은 가정의 도덕적 문제이므로 여기서는 예외로 한다. 또 3~7번에 해당하는 문제를 당했을 때에는 경제적 주 소득원인 부모가 자립 갱생의 여력이 있으면 얼마든지 가정경제의 틈새를 메우고 안정적으로 복구해나갈 수 있다. 8번의 경우 점점 개성이 강해지고 있는 개인의 성격과 능력, 문화 등 삶의 행태 차이로 부부들의 이혼과 별거가 날로 늘어나는 것과 관련이 있다. 그렇다 해도 자식

에 대한 책임과 의무는 절대로 등한시할 수 없는 명제이므로 부모는 책임을 져야 하며, 실제로도 그런 추세로 나아가고 있다.

그러나 1, 2번의 경우를 당하게 되면 이는 그 가정에 치명적인 결과를 초래한다. 남은 가족들에게는 경제적 안정이라는 화두가 불가항력적으로 다가오게 된다. 가계의 주 소득원인 가장이나 그 배우자가 아예 없기 때문이다. 설혹 있다 하더라도 경제적 능력을 회복하기가 영원히 불가능한 장해 상태로 남아 오히려 돈이 더 든다. 그런데 오늘날은 1, 2번의 경우를 겪는 가정이 점점 늘고 있는 형국이다.

가정은 이 세상에서 가장 소중한 삶의 안식처다. 그러한 가정을 지켜주는 지렛대요 버팀목은 바로 보험이다. 물론 보험으로 아무리 피해 보상을 받는다 하더라도 사람의 생명보다 소중한 것은 없다. 그렇지만 사고가 발생했을 경우 위험을 보장해줄 수 있는 가장 효과적이고 합리적인 방법은 보험뿐이라는 사실을 간과해선 안 된다.

불의의 사고는 언제 어디서 부지불식간에 찾아올지 모르는 우연과 필연의 연속선상에 놓여 있다. 만약의 경우 발생할 수 있는 불의의 사고에 대비해 가장 합리적이면서도 위험을 효율적으로 보장해줄 수 있는 방법이 바로 효용 가치가 매우 높은 보험임을 명심하고, 이를 올바로 활용하는 지혜를 발휘하는 것이 바람직한 삶의 기술이라 하겠다.

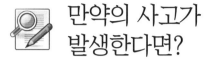

만약의 사고가
발생한다면?

　살갑게 형성된 한 가족이 가장의 사회적 정년 시점까지 아무 탈 없이 건강하게 잘 지내면 이보다 더 바랄 것은 없을 것이다. 그러나 우리네 인생은 '만약(if)의 연속적인 과정'이라 할 수 있다. 언제 어디에서 무슨 일이 발생할지 모르고 하루하루 살아가는 게 요즈음 우리의 인생살이다. 얼마 전 함께 차를 마시며 대화를 나눈 지인이 어느 날 갑자기 교통사고로 사망했다는 슬픈 소식을 접할 때가 있다. 실제로 이런 일들은 일상생활에서 빈번하게 발생하고 있고 매스컴에서도 이와 관련된 보도가 하루도 끊이지 않고 이어진다.

　이제는 100세 시대라는 말이 자연스러울 정도로 평균수명이 점점 길어지고 있지만 젊은 나이에 요절하는 사람들도 많아지는 추세다. 즉, 오래 살면서도 그만큼 언제 갑작스럽게 사망할지 예측할 수 없는 시대다.

　현실이 이러할진대 앞으로의 내 인생에 그러한 '만약(if)'이 실제로 발생한다면 사랑하는 가족은 어떻게 될까? 특히 가정의 울타리 역할을

가정의 라이프사이클과 경제 준비 자금의 변화 추이

• **가장이 경제적 능력이 있을 때**(정상적인 가정의 라이프사이클) •

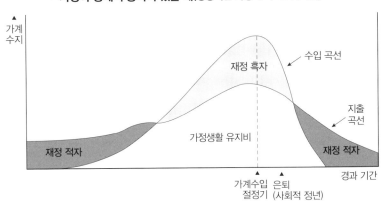

• **가장이 불행한 사고로 경제적 능력을 상실했을 때**(비정상적인 가정의 라이프사이클) •

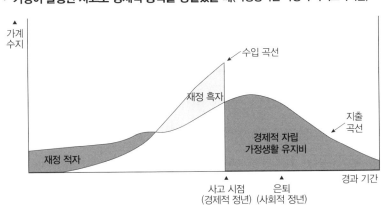

※ 이 경우 수입 곡선이 사고 시점부터 아예 없거나 있더라도 명맥만 유지하게 됨
※ 현재 시점부터 경제적 정년까지가 저축 가능 기간이고, 현재 시점부터 사회적 정년까지가 가장의 책임 기간임

하는 가장에게 나쁜 일이라도 생긴다면 나의 가정은 어떻게 될까?

이 도표와 같이 가장의 사망은 곧바로 그 가정에 경제적 어려움을 가져와 자칫 불행의 그림자를 남은 가족 모두에게 깊고 길게 드리우게 된다. 따라서 가정의 경제적 책임을 안고 있는 가장은 반드시 자신의 사망이라는 만약의 사태에 대비하여 경제적인 해결 방법을 '경제적 정년퇴직 시점' 이전에 미리 모색하고 만들어놓아야 한다. 그래야만 가장의 빈자리, 즉 가장의 경제적인 몫을 준비된 경제 자금으로 대체해 남은 가족들의 생활이 안전하게 연착륙될 수 있다. 준비된 자금은 남은 가족들이 경제적으로 자립해서 원만하게 살아가는 밑거름이 되는 것이다.

불의의 사고가 언제 어느 때 닥치고 생활상에 어떠한 변수가 생길지는 아무도 예측할 수 없다. 따라서 가정 행복망을 구축한다고 자임하는 보험으로 이에 대한 준비를 미리 해두어 삶의 울타리를 견고하게 쳐놓아야 한다. 보험은 '만약'의 사태를 방지해주는 가장 든든한 삶의 울타리다.

경제사회에서 가정에서의 행복은 경제적 수지가 균형을 이루거나 라이프 스케일이 더 커질 때 가능해진다. 그러므로 이를 안정적으로 확보하기 위하여 보험을 통해 보장 자산을 마련하는 것은 가장으로서 가장 기본적인 책무다. 또한 사랑하는 가족을 위한 최선의 배려이자 가족 사랑의 가장 값진 표현 방식이다.

따라서 보험은 단순히 이익을 추구하기 위해 가입하는 투자 상품이 아니다. 보험은 예기치 못한 사고로 인한 두려움을 해소하고 피해 발생 시 원래 상태로 회복하도록 도와주는 재정 안정 보장 상품이다.

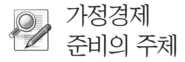

가정경제
준비의 주체

'인생에서 경제적인 준비는 누가, 언제, 어떻게 해야 하나?'

한평생을 살아가는 동안 우리의 삶은 크게 2가지 영역의 기간으로 구분된다. 첫째, 경제적으로 부모님의 도움을 받으며 성장하는 의존 기간과 둘째, 스스로 자주적으로 경제활동을 하며 살아가는 자립 기간이다.

누구나 성인이 될 때까지는 부모의 도움을 필수적으로 받아야 한다. 성인이 되기 전의 인생은 라이프 스테이지(life stage)상 이성적인 합리적 판단하에 인지적으로 처리할 수 있는 자생(自生) 능력이나 자기 조절(self-regulation) 능력이 없으므로 부모의 보살핌이 전적으로 필요하다.

그러나 성장하여 자주적으로 경제 능력을 발휘하여 생활고를 해결할 수 있는 나이, 즉 성인이 되면서부터 모든 경제적 책임은 본인 스스로 져야 한다. 이때부터는 나 자신의 인생 무대가 펼쳐진다. 성인이 되면 부모의 도움을 받는다는 것 자체가 무능력자로 간주된다. 경제적으로나 사회적으로 완전히 독립된 고유한 주체적 인격체여야 하는 것이다.

어떠한 일이 있더라도 경제 준비의 주체는 '나'이므로 스스로 돈벌이를 하면서 자립해나가야 한다.

정리하자면 우리의 경제적 인생 주기, 즉 경제적 라이프 사이클(life cycle)은 크게 부모 책임 기간과 자기 책임 기간으로 구분된다고 하겠다.

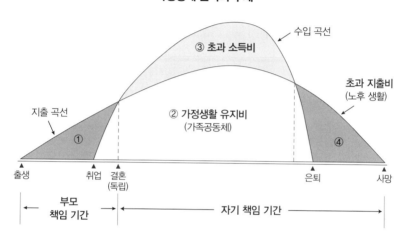

· 가정경제 준비의 주체 ·

도표를 보면, 예전의 대가족 제도하에서 ④의 경우는 자식 책임 기간 이었다. 부모를 부양하는 것이 효의 근본이었으므로 노부모님의 봉양 은 무조건 자식의 책임이요 의무였으며, 그것이 가정의 기본 질서이자 덕목이었다. 따라서 경제활동 능력이 없는 노후 생활은 당연히 자식의 몫이었다.

그러나 지금은 상황이 많이 달라졌다. 점점 경기가 둔화 현상을 보이 고 인스턴트화된 정보 시대에 접어들면서 맞벌이를 해도 남부럽지 않 게 살기가 힘든 형국이다. 이런 실정이다 보니 앞으로 젊은 층이 노년

이 되었을 때에는 은퇴 후의 황혼기를 스스로 책임지고 살아가야 하는 자기 책임 기간으로 가족 구조가 완전히 바뀌게 된다. 세상이 이렇게 무섭도록 빠르게 변화하고 있는 것이다.

젊었을 때 결혼해 가족을 구성한 후에는 수입이 증가하여 ②와 같이 가정생활에 필요한 자금을 당연히 충당할 수 있어야 한다. ②는 순전히 가정을 만든 당사자인 부모로서 자녀를 책임지는 자기 책임 기간이다. 이는 특히 경제적 주 수입원인 가장의 몫인 것이다.

그리고 ②의 시기에는 가정경제의 수지가 흑자인 상태이므로 ③과 같이 가정생활을 유지하는 데 들어가는 비용을 초과한 여유 자금이 발생하는데, 이때 이 여유 자금인 초과 소득비를 무의미하게 사용해선 안된다. 초과 소득비는 다음의 2가지 경우에 대비해 사용할 수 있도록 따로 갈무리해두어야 한다.

첫째, 불의의 사고를 당했을 경우 가정이 위험에 처하는 것을 방지하는 데 사용되어야 한다. 가정이 안정된 생활을 유지해나가도록 부모의 애틋한 심정으로 자산을 소중히 축적해놓아야 한다. 부모가 무슨 변고라도 당하게 된다면 그 가정은 하루아침에 풍비박산하는 불행을 겪을 개연성이 높기 때문이다. 따라서 보장 자산 준비에 활용하는 것이 0순위다.

둘째, 노후 생활 자금으로 활용하는 데 사용되어야 한다. 이것이 1순위다. ④와 같이 경제적인 능력이 없어 초과지출비가 많이 드는 기나긴 노후 생활을 위한 예비 자금을 젊은 시절부터 미리미리 적립해두어야 한다. 오늘날 생활수준의 향상과 의학, 과학의 발달로 인하여 경제력이 있는 시기보다는 경제적으로 소외되고 무능력한 삶을 살아가야 하는 노후가 점점 더 길어지는 추세이기 때문이다.

시대가 가파르게 변하면 변할수록, 또 삶의 질이 향상되면 될수록 인생에서 경제 준비의 주체는 어디까지나 본인, 즉 '나'이다. 이 사실을 명심하면서 인생을 설계하고 그에 따라 라이프 로드맵(life road map)을 그려서 실천해나가야 한다. 도표에서 ④의 기간은 앞으로는 자녀에게 의지하는 기간이 아닌, 바로 나 자신이 책임지면서 보내야 하는 '자기 자신의 책임 기간'임을 반드시 기억해야 한다.

가장에게
사고가 발생한다면

'가장에게 만약(if)이란 불확실성이 발생한다면?'

'가장에게 사고가 발생할 경우 가장 바람직한 경제적 해결 방법은?'

가족은 가정경제의 주체인 가장이라는 '삶의 안전망'에 둘러싸여 유기적으로 살갑게 뭉쳐진 핏줄의 집합체다. 따라서 가장에게는 주 소득원으로서 자기 가족의 생활을 전적으로 책임져야 할 의무가 있다. 가장은 가정의 행복을 위해 ① 자신의 경제적 정년 시점이 도래하기 이전, 또는 ② 자녀들이 모두 완전히 독립하기 전, 그리고 ③ 배우자가 여생을 편안하게 마무리하는 그날(인생의 종착역)까지는 언제나 가정생활의 안정책을 도모해놓아야 하는 것이 1차적 역할이라 할 수 있다.

그런데 이렇게 막중한 역할을 하는 가장이 갑자기 불의의 사고라도 당한다면 그 가정은 어떻게 될까? 주 소득원인 가장에게 변고가 발생하면 해당 가정은 그간 행복했던 시절이 일시에 일장춘몽으로 뒤바뀔 수 있는 상황에 처한다. 특히 자녀들이 어릴 때 이런 사고가 발생할 경우 매우 비참한 생활을 감내하면서 하루하루 힘들게 보내야 한다. 더구나 배우자가 전업주부일 경우에는 경제활동 능력이 없으므로 생활을 꾸려나가기가 더욱 막막할 것이다.

지금 아무리 건강하다고 자부해도 언제 나에게 불행의 그림자가 드리울지는 그 누구도 모른다. 이는 사람의 능력으로 예지할 수 있는 '인간의 영역'이 아닌 조물주만이 알고 있으며 또 조물주만이 해결할 수 있는 '신(神)의 영역'이기 때문이다.

만약 가장이 젊은 시절에 사망 또는 사고를 당해 경제적인 능력을 상실했을 경우, 가정의 경제적인 어려움을 합리적으로 해결할 방법은 무엇일까? 이는 다음과 같이 5가지로 구분해 살펴볼 수 있다.

가장의 사고(사망) 시 경제적 해결 방법과 수단
① 가족들(특히 배우자)의 경제사회 생활로 생계를 유지함
② 주위로부터 경제적 도움을 계속적으로 받음
③ 그간의 저축과 남편의 유산 등을 상속받아 활용함
④ 미리 가입한 보험으로 해결하며 자립 의지를 모색함
⑤ 그냥 운명으로 여기면서 그럭저럭 대충 살아감

①의 경우 맞벌이 세대가 많은 요즘은 어느 정도 가정경제의 연착륙이 가능하다. 그러나 배우자가 경제적인 능력이 없을 경우에는 매우 곤란하다. 특히 자녀들이 너무 어리거나 할 경우에는 맞벌이를 한다 하더라도 부인이 일정 기간은 사회 활동을 할 수 없을 수도 있다.

②의 경우 주위의 도움이란 것도 일시적일 뿐 평생 받기는 아예 불가능하다. 동정심도 잠깐이지 정도가 지나치면 백안시하는 게 세상인심

이다. 더구나 자기 살기도 벅차 점점 삭막해지는 세태에 아무리 가까운 친척이라 할지라도 도와주는 데는 한계가 있다.

③의 경우는 남편인 가장을 중심으로 하여 그간 저축해놓은 자금으로 생활하는 것을 말한다. 그런데 가장이 남긴 유산이 많으면 오죽 좋겠나마는 지금 30~40대 가장들이 갖고 있는 재산은 대부분 대출로 마련한 집과 현금 얼마 정도다. 즉, 유가족을 먹여 살리는 데 필요한 수억 원이라는 큰돈은 없을 것이다. 부채도 많을 것이다. 특히 은퇴자들의 경우 보유한 금융자산이 없는 사람들도 있을 것이며, 있더라도 대부분 1억 원 미만이라는 것이 각종 연구 조사 자료의 결론이다.

이것이 바로 우리네 가장들의 경제적 현주소다. 노후에도 유동성 있는 금융자산을 많이 갖고 있지 못한데, 가정을 꾸리고 자녀를 낳는 경제적 활동기인 젊은 시절에는 더욱 갈무리해두기 쉽지 않다.

⑤의 경우에는 어찌 보면 인생을 포기한 듯 백수처럼 살아가면서 가족에 대한 책임 의식이 결여되어 있는 사람들이므로 논할 가치조차 없다고 할 수 있다.

그렇다면 해답은 자명하다. ④와 같이 미리 가입한 보험으로 해결해나가는 방법이다. 즉, 누구나 실현 가능한 보험을 가입하여 가장의 사고 혹은 사망으로 인한 경제적 손실분을 일거에 해결하면서 서서히 자립 기반을 닦아나가는 것이다. 보험가입 후 사고가 발생하지 않으면 그보다 더 좋은 일이 없겠지만, 설령 사고가 난다 해도 보험으로 경제적 안전장치를 마련해놓았으므로 남은 가족의 행복을 한순간에 송두리째 빼

앗기는 일은 없다.

오히려 남은 가족은 부모님이 사랑으로 승화해 남겨준 소중한 보험의 가치를 온몸으로 느끼면서 꿋꿋이 어려움을 극복하고 빠른 시일 내에 경제적으로 자립할 의욕을 불태울 것이다. 배우자 또한 인생의 황혼기에 사랑하는 남편이 남겨준 보험금이 유일한 위안이 될 것이다.

자녀들과 부모, 가족 모두가 울타리가 되는 가정의 소중함을 고이 간직하고 있듯, 가정의 행복은 그 무엇보다 우선시되어야 할 과제다. 따라서 이는 부모라면 당연히 지켜나가야 할 기본 가치라 할 수 있다.

일상생활에 젖어 바쁘게 살아가다 보면 간혹 가족의 소중함을 잊는 경우가 있다. 앞날에 전개될 일들의 파노라마를 알지 못한 채 하루하루를 사는 것이다. 그러다 생때같은 부모가 불의의 사고로 후유 장해를 당해 몸져눕는다든지 또는 갑자기 사망하게 된다면 그 가족의 행복한 꿈은 산산조각이 나고 만다.

그럼에도 많은 사람은 '내가 설마. 우리 가족이야 무슨 일이 있겠어? 난 아직 이렇게 건강한데. 애들도 자기 밥벌이는 스스로 알아서 하겠지……' 하는 안이하고 막연한 생각을 한다. 이것이 사랑하는 자녀의 꿈과 배우자의 안락한 노후 생활, 그리고 가정의 미래를 가로막을 수도 있는 정말 커다란 장애물이란 사실을 미처 깨닫지 못한 채 일상생활을 보내고 있는 것이다.

보험은 외줄을 타고 강이나 산을 건널 때 떨어지더라도 다치지 않도록 안전하게 쳐놓은 그물과 같다. 다시 말해, 가정에 불행이라는 먹구름이 들이닥쳐 비(생활의 어려움 봉착)가 쏟아질 때 그 비를 피하게 해주는 우산(보장 자산 제공)과 같다.

가장이 살아 있는 동안에 가족이 누렸던 경제적 생활과 동일한 수준의 생활을 남은 가족이 이어나가도록(소득을 유지하면서 생활하도록) 가장이 남겨줄 수 있는 유산은 보험이 유일하다고 할 수 있다. 가장은 자녀와 배우자가 경제적으로 안정된 생활을 할 수 있도록 해줄 도덕적 책임과 의무가 있다. 애정을 돈으로 살 수는 없지만 돈에다가 애정을 담아서 줄 수는 있다. 가장 유고 시 가장의 빈자리는 있을지언정 가정이 불행해지지는 않도록, 가족의 재정적인 고통을 덜어주기 위해 보험은 꼭 필요하다.

보험은
누가 꼭 가입해야 하나?

보험은 누가 반드시 가입해야 하는가에 대해 단도직입적으로 답하자면, 어떤 보험을 막론하고 0순위는 가정의 주 소득원인 가장이라고 할 수 있다. 세상이 복잡다단하다 보니 언제 어느 때 어느 곳에서 사고가 발생할지 전혀 예측할 수 없으므로 각종 위험에 대한 보장 프로그램을 마련해두어야 한다. 특히 보험은 만약의 사고로 발생할 수 있는 소득의 공백 기간을 커버해주는 브릿지 자금(bridge money)으로서의 기능을 수행함으로써 가정경제가 연착륙할 수 있도록 안정적인 울타리 역할을 충실하게 해준다. 그리고 손해보험의 경우 자동차보험은 운전자에게 필수이므로 당연히 가족 한정 특약으로 가입해야 할 것이다.

또한 주택의 안전사고를 예방하기 위한 화재보험도 필요하다. 나날이 식생활 문화가 개선되고 의학이 점점 발달함에 따라 오래 살 수 있는 인프라가 구축되고 있으므로 안락한 노후 생활을 위한 보험은 필히 가입해야 한다.

그 밖에도, 수명이 늘어난 만큼 다양한 질병과 사고가 동반되므로 이에 다른 적절한 대비책 차원에서 관련 보험도 필요하다. 재테크와 결혼, 주택, 자녀들의 뒷바라지에 들어가는 자금의 마련도 필요하다. 다른 사람을 돕고 싶은 경우에도 얼마든지 보험에 가입할 수 있다. 보험이 필요한 사람들을 크게 8가지 유형으로 구분한 뒤 각각을 구체적으로 살펴보면 다음과 같다. 이 범주에 포함되는 사람은 보험을 필수적으로 가입해야 한다.

1. 생활 위험 보장 측면에서 가입해야 할 사람

① 가정경제를 책임지고 있는 경제적 정년 이전의 가장

② 아직 출가하지 않은 자녀를 둔 부부

③ 항상 자가용을 갖고 다니는 오너드라이버

④ 항상 재해사고에 신경 쓰는 위험직 종사자

⑤ 사회 활동을 많이 하는 비즈니스맨

⑥ 여행, 스포츠 등 레저 생활을 즐기는 사람

⑦ 부부 금슬이 매우 좋고 나들이를 자주 하는 가정

⑧ 모아둔 재산이 별로 없이 생활을 꾸려가는 부모

⑨ 해외여행 등 장거리 여행을 떠나려는 사람

⑩ 주말이나 공휴일에 활동이 더 많은 사람

⑪ 노후에도 활동적으로 생활하는 사람

46

⑫ 일상생활의 위험에 늘 대비하고 싶은 사람

2. 건강 생활 측면에서 가입해야 할 사람

① 항상 자신과 가족의 건강을 생각하는 사람

② 어린 자녀의 건강을 생각하는 부모

③ 질병, 성인병 등에 대해 많은 신경을 쓰는 사람

④ 윗대에서 암 등 유전적 요인에 의해 사망한 이가 있는 사람. 즉, 가족 병력이 있는 사람

⑤ 노후의 간병이 걱정되는 사람

⑥ 항상 건강 및 신체 미용에 신경 쓰는 사람

⑦ 사무직 종사자 등 스트레스를 많이 받는 정신노동자

⑧ 매일 중노동을 하는 일용직 근로자 또는 자영업자

⑨ 경제 활동기에 접어든 사람과 자녀를 둔 부부

⑩ 부모의 건강을 신경 쓰는 자녀

⑪ 평소 잔병치레가 많거나 하여 건강 상태가 걱정되는 사람

⑫ 감기, 두통 등 일상생활의 빈번한 위험으로부터 실손보상을 받고 싶은 사람

3. 목돈 마련 측면에서 가입해야 할 사람

① 일정 시기에 필요한 목돈을 마련하기 위해 재산을 증식하려는 사람

② 저축과 보장을 동시에 추구하는 사람

③ 좀 더 안정되게 수익을 창출하고 싶은 사람

④ 돈을 아예 붙박이로 맡겨놓고 미래 가치를 드높이려는 사람

⑤ 자금을 어디에 투자해야 할지 고민인 사람

⑥ 결혼을 앞둔 신혼부부

⑦ 일정 시기에 주택을 구입하기 위해 자금을 마련하려는 사람

⑧ 성장하는 자녀의 학비를 단계적으로 마련하려는 부모

⑨ 일정한 시기에 목돈을 마련해 자녀 또는 배우자에게 남겨주고 싶은 사람

⑩ 장기적인 목돈 마련 계획을 세우고 재무 목표를 달성하려는 사람

⑪ 저축은 물론 증여와 상속을 염두에 두고 자산을 형성하려는 사람

⑫ 장기간 불입 시 이른바 세테크 효과로 좀 더 높은 수익을 창출하려는 사람

4. 재산 보호 측면에서 가입해야 할 사람

① 현재 거주 중인 집과 가재도구를 안전하게 보존하고 싶은 사람

② 공장, 빌딩 등 건물을 소유하고 있는 사람

③ 선박, 비행기 등을 운영하거나 이용하는 사람

④ 동산 및 부동산을 보호받고 싶은 사람

⑤ 가축, 농작물, 어장 등의 피해에 대해 보상받고 싶은 사람

⑥ 주택, 점포 등 부동산을 갖고 있는 사람

⑦ 믿고 맡길 만한 주거래 금융기관을 찾는 사람

⑧ 자산의 포트폴리오 차원에서 보험회사를 선택하려는 사람

⑨ 재무 목표와 재정 안정을 동시에 이루길 원하는 사람

⑩ 부도, 파산 등 불가피한 상황에 대비해 안전한 금융기관을 찾는 사람

⑪ 가족에게 상속재산으로 확실한 자금을 물려주고 싶은 사람

⑫ 각종 화재나 피해로부터 재산을 안전하게 보호받고 싶은 사람

5. 노후 생활 자금 마련 측면에서 가입해야 할 사람

① 아직 노후 자금을 마련하지 않은 중장년층 근로소득자

② 스스로 노후 자금 대책을 세워야 하는 자유직업인, 자영업자(소상공인)

③ 노후에 의지할 가족(자녀)이 없어 생활에 불안을 느끼는 장년층

④ 자녀로부터 독립해 노후를 보내고자 하는 젊은 세대

⑤ 자녀가 성장하여 독립할 시기가 된 가정의 부모

⑥ 노후를 즐기면서 살고자 하는 중산층 이상의 부유층

⑦ 현재 가입한 연금의 수령액이 적어 추가 가입의 필요성을 느끼는 사람

⑧ 퇴직금 혜택이 없는 자영업자 및 소규모 기업체 종업원

⑨ 국민연금의 수혜를 받지 못하는 가정주부

⑩ 대대로 장수하며 질병이 없는 화목한 가정

⑪ 부모를 위해 노후 자금을 마련해드리고자 하는 젊은 부부

⑫ 노후 생활 자금을 마련하기 위한 준비를 아직 시작하지 않은 사람

⑬ 장기적으로 세제 혜택을 받으면서 노후 자금도 마련하고 싶은 샐러리맨

6. 자녀 뒷바라지 측면에서 가입해야 할 사람

① 항상 직업적으로 불안을 느끼는 부모(위험 직급)

② 어린 자녀를 둔 50대 이상의 가장

③ 아직 자녀의 교육 자금을 마련하지 않은 중고등학생 학부모

④ 향후 자녀에게 일정한 재산을 물려주고자 하는 부모

⑤ 교육보험에 가입하지 못했거나 가입하려 하지만 자녀가 장성한 가정

⑥ 자녀의 교육비와 결혼 자금, 부부의 노후를 염두에 둔 신세대 부부

⑦ 자식에게 남겨줄 재산이 없어 늘 신경이 쓰이는 부모

⑧ 태아를 안전하게 출산하고 잘 양육하려는 예비 부모

7. 절세 등 재산 관리 측면에서 가입해야 할 사람

① 연말정산(사업소득 신고) 시 세금 혜택을 받으려는 근로소득자(자영업자)

② 재산상속 문제로 고민하고 있는 재산가

③ 향후 상속세, 증여세 등 세금으로 고민하고 있는 절세가

④ 금융소득 종합과세에 대해 불안을 느껴 방법을 찾는 부유층

⑤ 보험료 공제, 이자소득세 감면 등 절세 효과를 극대화하려는 근로소득자

⑥ 비밀 보장 차원에서 방법을 모색 중인 사람

⑦ 건강하고 활동이 많으면서 계수에 밝은 장수 스타일의 고객(종신연금)

⑧ 부동산은 많지만 현금이 없는 사람

8. 이웃 사랑 측면에서 가입해야 할 사람

① 사망 시 보험금을 양로원 등 사회단체에 전달하고 싶은 사람

② 경제적으로 생활 능력이 없는 소년·소녀 가장을 돌보고 싶은 사람

③ 무언가 사회를 위한 좋은 일을 떳떳하게 하고 싶은 사람

④ 남을 배려할 줄 아는 따뜻한 마음의 소유자

⑤ 그간 모은 재산을 노후에 보시(기부)하면서 살고 싶은 사람

2장
보험 상식 올바로 알기

"보험 없이는 생활도 없다. 보험의 발달은 한 나라의 문화 발전을 계량하는 척도다."

– A. 마네스

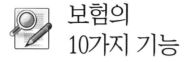

보험의
10가지 기능

보험은 위험 보장 기능, 재산 증식 기능, 노후 설계 기능, 소득 보전 기능, 손해 방지 기능 등 보험가입자에 대하여 다양한 경제적 보장 기능과 더불어, 축적된 자산 운용을 통해 국민경제 활성화와 사회복지 증진에 이바지하는 금융기관 및 기관투자가로서의 기능도 수행하고 있다. 이를 세부적으로 살펴보면 다음과 같이 10가지 기능으로 구분할 수 있다.

1. 위험을 관리해준다

이 세상에 위험이 없는 것이란 없고 위험이 없는 곳도 없다고 하듯, 우리 주변에는 항상 수많은 위험이 도사리고 있다. 산다는 것 자체가 위험을 감수하는 과정이라고 할 수 있을 만큼 현실적으로 위험을 완전히 피하면서 살아가기란 불가능하다.

따라서 우리는 위험이 부지불식간에 다가올 것을 각오하고 조금이라도 위험이 덜 발생하기를 바라면서 '어떻게 하면 위험한 상황을 덜 겪거나 위험을 최소화할 수 있는가'에 대한 방법을 강구해야 한다.

스스로 위험을 인식하면서 자신이 어떠한 위험을 감당할 수 있는지 올바로 선택하고 관리한다면 이를 어느 정도 방지할 수 있는데, 그 선택의 대상이 바로 보험이다. 인생에 안전을 보장해주는 보증수표란 없으므로 위험을 올바로 관리하기 위해서는 가장 합리적인 대안으로 보험을 선택하여 안전을 보장받아야 한다. 보험은 위험을 관리해주는 기능을 하는 가장 합리적인 수단이며 효율적인 실천 방법이라고 할 수 있다.

2. 경제적 안정을 가져다준다

사회의 발전에 따라 각종 생활 및 경제활동에서의 위험 또한 증가한다. 보험은 이러한 잠재적인 위험으로부터 제기되는 경제적 걱정과 불안, 근심을 크게 덜어주면서 국민 생활과 기업 활동의 경제적인 안정을 도모해준다.

보험사고가 발생할 경우 보험가입자는 당연한 권리로서 보험금의 지급을 요구하여 재정적 손실을 이전의 상태로 복구할 수 있어서 경제생활의 불안을 제거하거나 경감할 수 있다. 이는 기업의 경우에도 마찬가지로 보험가입을 통하여 신용을 보장받는 등 기업의 안정을 가져다준다.

이렇게 위험 발생 시 보험을 통한 손실의 보상은 개인이나 기업에 경제적으로 안정을 가져다주므로 '보험이 없으면 안전한 일상생활도 없다'고도 할 수 있다.

3. 생활의 불안감을 해소해준다

오늘날과 같은 사회에서 일상생활의 불안감을 야기하는 가장 큰 원인은 경제적 궁핍이라 할 수 있다. 보험은 만약의 사고로 인해 발생할 수 있는 가정경제의 손실을 헤지(hedge)해줌으로써 생활에 대한 불안감을 사전에 차단하는 경제 안전망 역할을 해준다.

4. 마음에 안정을 가져다준다

일상생활이 안정적이지 못하면 마음이 불안해진다. 즉, 마음의 불안과 생활의 불안은 불가분의 관계다. 따라서 생활의 불안 요소를 사전에 어느 정도 제거해주는 보험은 가입하는 것만으로도 심리적 안정을 가져다주므로 가히 힐링 상품이라 할 수 있다.

5. 신용도를 높여준다

보험은 개인이든, 단체든, 기업이든 보험가입자의 신용도를 증대시킨다. 현대사회는 나날이 급변하는 정보 지식 사회이자 신용 사회다. 다시 말해 모든 사회생활이 신용 보증, 신용 대출, 신용 거래 등 개인이나 집단의 신용을 기반으로 하여 이루어진다. 그리고 이러한 신용은 각종 보험에 가입함으로써 그 효용성을 증가시킬 수 있다.

예를 들어 보증보험에 가입하면 개인의 신용도를 높여 신용 대출을 받을 수 있고, 화재보험에 가입하여 건물의 내재 가치에 대한 신용도를 증가시킬 수 있다. 자동차보험에 가입함으로써 운전자와 고용주의 신용을 높이고, 항공보험이나 해상보험에 가입함으로써 무역 시 신용을 보증할 수 있다. 보험을 통해 이처럼 신용도를 객관적으로 증대시킬 수 있는 것이다.

6. 능률을 향상시킨다

보험은 개인에게 발생할 개연성이 있는 위험에 따른 손실을 보상해주어 개인의 재정 상태를 손실 발생 이전의 상태로 복구해주므로, 각 개인은 미리 가계의 재무 상태를 고려하여 우선순위를 정하면서 효율적으로 가계의 위험을 관리할 수 있다.

따라서 위험 발생으로 생기는 경제적 위기를 염려하지 않고 안정된 생활을 할 수 있어 자연적으로 능률을 향상시킬 수 있다. 이는 기업의 경우에도 마찬가지다. 언제 닥칠지 모르는 여러 가지 위험 요소나 불확실성을 보험 보호라는 제도를 이용해 확실히 보장받을 수 있으므로, 기업 구성원들이 안심하고 일할 수 있어서 기업의 능률을 간접적으로 높여준다. 이와 같이 보험은 개인이나 기업뿐만 아니라 공공 기관의 활동도 원활하게 해주는 윤활유 역할을 하여 능률을 향상시킨다.

7. 손해를 사전에 방지해준다

보험은 만일의 경우 사고를 당해 입게 될 손해를 방지해주는 역할을 한다. 개인이나 기업은 보험에 가입함으로써 재정적인 걱정과 근심을 덜고 이로 인해 능률이 향상되어 일상생활에 대한 불안감이 상당히 제거된다. 이에 따라 보험회사는 보험가입자에게 각종 위험이 발생하지 않도록 하고 효율적인 경영을 위하여 손실의 예방적 활동에 심혈을 기울인다.

양질의 보험계약을 유지하기 위해 보험회사는 자체적으로 부속 의원을 설치하여 보험가입자의 건강관리를 해주고 언더라이터를 두어 계약 사정을 하자 없이 하며 다양한 분야에서 방재(防災) 전문가를 고용해 보험가입자의 안전 관리와 손실 방지를 위해 노력한다. 이와 같은 사고 예방은 보험가입자 및 보험회사 모두에게 경제적인 이익을 가져다주면서 사회 전체의 예방(豫防)적인 역할을 증대시킨다.

8. 저축을 가능하게 해준다

경제를 발전시키려면 자본이 필요한데, 이러한 자본은 사람들이 저축을 해야만 마련이 가능하다. 저축은 절약에서 오며 절약은 현재 지출의 희생에서 온다. 그런데 대다수 사람들의 수입은 일정하지 않기 때문에 저축을 하기가 쉽지는 않다. 현재 지출의 희생을 꺼리는 것이다.

보험, 그중에서도 저축성보험은 다른 금융기관의 상품과 달리 일단 가입하면 중도 해약 시 손해가 발생한다. 보험료도 납입기간 내에 납부하지 않으면 해지 처리되는 등 반강제적인 성격이 있으므로 대개 손해를 보지 않기 위하여 만기까지 납입하는 경우가 많다. 또한 장기 유지 시에는 보험료 차익에 대해 비과세 혜택이 부여되는데, 이와 같이 보험료를 계속 납입함에 따라 저축이 가능해진다. 현재의 지출에 대한 유혹으로부터 벗어나 미래의 더 나은 생활에 대한 확신을 심어주는 것이 보험의 순기능이라 할 수 있다.

9. 노후를 편안하고 윤택하게 해준다

보험을 통해 한 푼 두 푼 저축하다 보면 퇴직 후에도 경제적인 걱정 없이 편안한 노후를 즐길 수 있다. 노후를 미리 대비하는 자에게만 인생의 황혼기가 장밋빛으로 열린다. 연금보험은 본인 또는 배우자의 은퇴 자산을 마련하기 위해 가입하는 가장 바람직한 노후 설계 수단이다.

노후가 자기 책임인 시대에 풍요로운 노후 생활을 위해선 연금보험에 미리 가입해두는 것이 현명한 삶의 처세술이다.

10. 사회보장의 보완 역할을 해준다

기본적으로 보험은 자신의 위험에 따른 손해를 보호하고 보장하기 위하여 가입하는 것이다. 그러나 결과적으로는 동질의 우연적인 위험을 지닌 다수의 보험가입자가 우연히 손해를 입은 소수의 보험가입자를 구제해주는, 상호부조라는 우리의 전통적인 미풍양속을 실현해주는 사회보장제도의 일환이다. 즉 나와 가족뿐만 아니라 이웃 사람들이 예기치 않은 우연적인 불행을 당했을 경우에 십시일반의 형태로 보듬어주면서 더불어 살아가는 삶의 의미를 느끼게 해준다. 따라서 보험은 사회보장의 역할을 보완해주는 경제 보전의 파수꾼이라고 할 수 있다.

보험은
저축과 어떻게 다른가?

　아직도 보험을 은행처럼 순수한 저축이라고 생각하면서 보험회사를 금융기관이 아닌 은행과 같은 저축기관으로 오해하는 사람들이 있다. 그래서 내가 가입하려는 보험이 어떤 상품인지, 어떤 보장을 해주는지도 알아보기 전에 '만기 때 얼마가 나오는지', '수익률은 얼마나 되는지' 등 저축 시의 기회비용부터 따지기도 한다. 그러다 보니 가입했던 보험을 부득이한 사유로 중도에 해약할 경우 해약환급금이 이미 납입한 보험료(원금)보다도 적게 나오게 되고, 이로 인해 계약자는 불만을 토로하면서 민원을 제기하거나 보험회사를 비난하고 담당 설계사에게 면박을 주는 등 화풀이를 하기도 한다.

　여기서 반드시 알아둘 것은 보험은 은행처럼 단순한 저축이 아니라는 점이다. 우리나라의 보험사들이 예전에는 여러 가지 경제적 환경과 보험에 대한 일반인의 정서를 반영하여 보험 만기 시 은행 상품처럼 이자가 붙는 저축성 상품 위주로 판매했기에, 보험을 간혹 저축 상품으로 오인하는 듯하다. 또한 개인연금은 은행이나 투자신탁 등 다른 취급 기관을 제치고 보험회사가 가장 많이 판매하고 있는 상황이다 보니 보험을 저축이라고 생각하는 것이 당연한지도 모른다. 보험회사에서도 저축성보험을 판매할 때 '적금보험 들라'며 고객을 설득하기도 한다.

물론 저축성보험은 그 가입 목적이 목돈 마련을 위한 것이므로 저축 상품이 맞다. 그러나 보험의 본래 기능은 장래에 발생할지도 모를 각종 위험으로부터 경제적 손실을 보전하는 것이다. 따라서 그 특성이나 기능 면에서 볼 때 보험은 저축과는 근본 성격이 다르다. 또 현실적으로 판단할 때 저축성보험은 상품 구조상 은행 등 다른 금융기관의 상품과의 수익률 경쟁에서 앞서가기 곤란한 부분이 많다.

보험과 저축의 공통점

보험과 은행의 저축은 둘 다 경제적 수요를 충족하기 위하여 가입하는, 재산 보전 및 증식을 위한 경제 준비 수단이자 미래를 위한 갈무리 수단이다. 즉, 장래의 생활을 설계하여 안심할 수 있도록 준비해두는 수단이 보험과 저축이다. 또 보험과 저축은 모두 화폐가치로서 그 가치가 결정되며 국가, 기업 및 가정 등 전 사회의 경제 발전에 막대한 공헌을 하고 있다.

기본 목표	경제적 수요의 충족
기본 성격	미래의 경제적 생활 안정을 위한 갈무리(투자) 수단
사회 기여	경제 발전에 이바지
가치판단	화폐가치로 결정

보험과 저축의 차이점

은행 저축은 단순히 자산 증식의 기능만을 갖고 있는 반면, 보험은 그러한 저축 기능은 물론 보험기간 중에 발생하는 각종 위험에 대한 경제적 손실을 폭넓게 보장(보상)해주는 재정 안정 기능이 있다. 저축과 보험의 차이를 구체적으로 살펴보면 다음과 같다.

첫째, 돈을 투자하는 목적이 다르다.

보험은 장래 발생할 개연성이 있는 리스크를 사전에 헤지하기 위한 위험 대비 보장 수단이고, 저축은 재산 증식을 위한 목돈 대비 투자 수단이다. 다시 말해 보험은 우연한 사고(위험)에 대비하여 경제적 손실의 발생 가능성을 상쇄하고자 미리 돈을 예금하는 것이지만, 저축은 특정한 시기에 사용할 목돈을 마련하기 위하여 미리 돈을 예금하는 것이다. 이와 같이 보험과 저축은 그 방법상 경제 준비 수단이라는 점에서는 동일하지만 그 목적은 완전히 다르다.

구분	보험	저축
기본 정신	상부상조	이익 실현
본래의 목적	위험 대비 수단, 사건 발생 자체와 시기가 우연한 것으로 인한 경제적 수요의 충족	재산 증식 수단, 확정된 사건 즉 발생이 확실한 것으로 인한 경제적 수요의 충족
지출된 돈의 역할	보험금 지급 및 투자 수익	투자 수익
쓰임새	위험 보장, 재산 증식, 노후 설계	재산 증식
우선순위	의식주 다음으로 1순위	보험 다음으로 2순위
상품 형태	위험 보장 서비스	투자
목표 달성 방법	가입과 동시에 목표액 보장, 계약과 동시에 효력 발생	일정 기간 경과한 후 달성, 일정액을 충족해야만 효력 발생
원금 보장	원금 보장이 되지 않음	최소한의 원금 보장

둘째, 지출된 돈의 역할이 다르다.

저축을 하면 모인 돈(예금)은 국가 기간산업에 투자 및 융자되거나, 중소기업 또는 서민의 대출 자금, 주식이나 채권 등의 유가증권, 부동산 등에 투융자되어 최대한도로 투자 수익을 발생시키기 위해 운용된다.

보험 역시 납입된 보험료는 저축과 동일한 방법으로 운용되지만 사망, 사고, 질병 등을 당한 사람들에게 보험금을 지급하기 위해서도 운용된다. 즉, 저축은 투자 수익을 올리고자 투자 대상을 물색하여 운용되고 보험은 저축의 투자 방식에 더하여 보험금을 지급하기 위해 운영되는 것이다.

셋째, 돈의 최종 쓰임새가 다르다.

보험은 '일인은 만인을 위하여, 만인은 일인을 위하여'라는 상부상조의 정신을 모토로 운영된다. 그러므로 납입된 보험료가 나와 가족뿐 아니라 다른 사람에게도 돌아가므로 내게 돌아오는 돈이 많을 수도, 또는 적거나 없을 수도 있다.

반면에 저축은 내가 낸 돈을 남이 받아 가는 것이 아니라 내가 받아 가는 상품이므로 일정한 시점이 도래하면 원금에 이자가 붙어 수익이 많아진다. 따라서 돈의 최종 쓰임새, 즉 돈의 활용 방법으로 볼 때 보험은 가족 등 모두를 위한 것이지만 저축은 우선 나 자신을 위한 것이라 할 수 있다.

넷째, 우선순위가 다르다.

저축과 보험은 모두 인간 생활의 0순위인 의식주의 기본적인 해결에 이어 부차적으로 필요한 2차 상품임에는 틀림없다. 가욋돈을 가지고 보험에 가입하고 저축도 하는 것이다. 그러나 보험은 인간 생활의 생사(生死)와 관련되어 경제력을 유지하기 위한 보전 수단이므로 순수한 저축에 앞서 1순위라고 할 수 있다. 한편 저축은 좀 더 여유 있는 경제생활을 위한 수단이므로 보험보다는 후순위라 하겠다.

그래서 보험은 단기 상품 위주의 저축과 달리 장기 상품이 많고, 사회보장제도의 보완 역할을 하는 까닭에 국가에서 세제 혜택을 부여해준다. 보험은 인간 생활에서 없어서는 안 될 의식주와 같은 개념, 즉 생활필수품이라는 인식이 필요하다.

다섯째, 목표 달성 방법이 다르다.

가정의 경제적 행복망을 구축한다는 차원에서 볼 때, 목표 자금의 완성에서 보험과 저축은 효용 가치는 물론이고 경제적·심리적으로도 엄청난 차이가 있다.

보험은 가입과 동시에 목표 자금을 확보할 수 있다. 금융 상품 중 가입하는 즉시 목표 자금을 확보할 수 있는 상품은 오로지 보험뿐이다. 보험은 처음에는 위험 보장을 통해 목표를 달성한 후, 시일이 지날수록 적립금이 쌓여서 자연스럽게 이 적립금이 위험 보장을 커버하게 된다. 한편 저축은 내가 낸 돈에 약간의 이자가 서서히 붙으면서 최종적으로 목적 자금을 달성하게 된다. 그래서 저축은 한 걸음 한 걸음 돈을 적립해서 목표액을 달성하는 수단이라 하여 계단에 비유하고, 보험은 일시에 목표를 달성할 수 있는 수단이라 하여 엘리베이터에 비유하기도 한다.

가족의 경제적 행복망 구축에 필요한 자금을 맨 처음부터 확실하게 항상 마련해놓고 일상생활을 하는 것과 목표 자금이 마련될 때까지 저

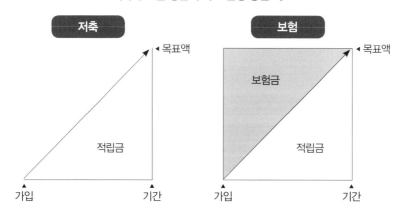

• 저축과 보험 상품의 목표 달성 방법 비교 •

축을 하면서 생활해나가는 것은 심리적으로 차이가 매우 클 수밖에 없다. 가정의 '행복 테크'는 반드시 목표 달성도가 제일 신속하고도 확실한 보험에 방점을 두고 실천해가야만 빠르게 완성될 수 있다.

여섯째, 보험은 재정 안정 보장 서비스이고 저축은 투자다.

저축은 현재의 소비생활을 억제하고 미래의 소비생활을 위한 투자다. 즉, 미래의 경제생활을 좀 더 윤택하게 하기 위하여 현재의 지출을 줄여 남는 돈을 갈무리해 투자하는 것이다. 그러나 보험은 현재의 소비생활을 억제하면서 장래 언제 닥칠지 모르는 위험과 사고를 사전에 방지하고 감소시키기 위하여 안심료(安心料)를 지불하는 위험 보장 서비스다. 즉, 각종 사고로 인한 손해를 효율적으로 제거, 감소시켜 인간의 기대 효용을 높여주는 재정 안정 보장 서비스를 받기 위한 소비재다.

이처럼 보험은 서비스인 까닭에 보험에 가입하면서 내는 돈을 보험료라 하며, 은행에 저축하려고 내는 돈은 투자 수익을 목적으로 하므로 예금(적금)이라 하는 것이다. 다시 말해 보험료는 위험 보장에 대한 서비스, 생활 설계의 상담 서비스, 유지·관리에 대한 재정 안정 서비스의 대가로 지불되는 돈이다. 따라서 저축은 돈을 모으기 위한 투자이지만 보험은 재정 안정을 보장받는 대가로 지불하는 지출 비용이므로 소비이고 보장 서비스다.

일곱째, 원금 보장 여부가 다르다.

저축은 내가 낸 돈을 내가 찾아가는 것이므로 오늘 가입했다가 내일 해지하고 찾아도 원금은 나온다. 즉, 어떤 경우에라도 최소한 원금은 보장된다. 그러나 보험은 내가 낸 돈이 누군가 사고가 발생한 다른 사람에게 보험금으로 지급된다. 따라서 보장성보험을 오늘 가입했다가 한 달 후 해지하면 원금은커녕 한 푼도 안 나올 수도 있다. 저축성보험이나 만기환급부 보험, 연금보험, 교육보험, 변액보험 등 재산 증식을 목적으로 가입하는 보험도 일정한 기간이 지나야만 원금이 나온다.

기나긴 인생의 노정에서 경제적으로 항상 풍족하고 여유 있게 생활하는 사람은 그리 많지 않다. 대부분의 사람들은 먼저 쓰고 남은 금액을 저축한다. 그러나 알뜰한 사람들은 먼저 저축하고 남은 금액으로 소비를 하는 지혜를 발휘한다. 그 차이는 장래 재테크 성과물에 매우 큰 차이를 낳는다. 보험에 가입하든 저축을 하든, 재정 안정과 재무 목표를 달성하기 위해 슬기롭게 재무 설계를 하고 실천하는 지혜를 발휘해야 미래의 가정경제가 튼튼해진다.

보험은 투기나 도박과
어떻게 다른가?

보험을 도박이나 투기와 같은 사행행위(射倖行爲)라고 생각하는 사람
이 있다. 실제로 보험금을 노리고 고의로 자동차 사고를 낸다거나 자신
의 신체를 끔찍하게 자해하거나 타인을 살해하는 등 보험 사기 관련 범
죄 발생 건수가 해마다 증가하고 있다고 한다.

물론 보험과 도박, 투기가 모두 동가(同價)의 교환이 아닌 사행성이 있
는 돈의 이전이라는 면에서는 비슷하다. 하지만 그 기본 원칙을 보면,
보험은 순수한 위험을 보장 대상으로 여기면서 생활 안정에 목적이 있
는 반면 투기나 도박은 인위적인 위험을 대상으로 이익 획득에 목적이
있으므로 근본적인 차이가 있다. 이를 좀 더 자세히 살펴보면 다음과
같다.

첫째, 가입 목적이 다르다.
보험의 가입 목적은 장차 일어날 경제적 손실의 발생 가능성을 사전

구분	보험	투기 · 도박
기본 정신	상부상조	남이야 어떻든 나만 잘살자는 사고
본래 목적	위험 발생 시 경제적 손실 보전(생활의 안정)	이익 추구, 부의 획득(이익의 획득)
위험 발생	예측 불가능, 불가항력적임, 순수한 위험을 대상으로 함	고의적 · 악의적으로 발생시킴, 인위적인 위험을 대상으로 함
사회 인식	사회보장제도의 보완 역할	사행행위 조장으로 지탄의 대상
기본 정신	상부상조, 가족 사랑	자기만족
목표 보장	가입과 동시에 목표 보장	모든 것이 운에 좌우됨

에 감소시키거나 제거하는 데 있다. 이익의 추구가 가입 목적이나 지향점이 아니다.

반면 투기나 도박은 가입 동기가 부(富)의 획득에 있다. 즉, 일확천금을 노리고 하는 것이다. 또한 보험의 기본 정신은 더불어 살아가는 상부상조의 정신인 데 반하여 도박이나 투기는 남이야 어떻든지 간에 나만 잘살면 된다는 이기적 사고를 기본 정신으로 한다. 즉, 보험은 서로 공존공영하며 상생하는 윈윈(win-win) 전략의 수단인 데 비해 도박이나 투기는 남을 짓밟고 올라가서 내가 이익이면 상대방은 반드시 손해를 보는 구조로, 극단적으로는 '모 아니면 도'라는 식의 윈로스(win-lose) 전략의 수단이라 할 수 있다.

둘째, 위험 발생 방법이 다르다.

보험은 언제 어느 때 일어날지 전혀 예측할 수 없는 불가항력적인 사건으로 인해 발생하는 위험에 대한 보장 수단이다. 즉, 보험은 우연히 발생하는 위험에 따른 손실을 보상해주는 제도다. 그러나 투기나 도박은 당사자들이 요행을 기대하면서 없던 위험, 아니 일어나지도 않을 위험을 고의적 또는 악의적으로 만들어서 발생시키는 사행 수단이다. 그 결과 어느 한쪽만 이익을 보거나 다른 한쪽만 손해를 보게 되는, 사회적으로 인정받지 못하는 불건전한 행위다. 따라서 도박이나 투기 등 인위적 위험의 발생으로 입게 되는 손해는 당연히 보험 대상에서 제외된다.

셋째, 목표 달성의 보장 방법이 다르다.

보험은 맨 처음부터 가입과 동시에 항상 목표를 달성할 수 있다. 도박이나 투기도 시작과 동시에 목표를 달성할 순 있지만 이는 어디까지나 한시적이며 억세게 재수 좋은 운이 따라줘야 한다. 그렇지만 보험은 재수가 있든 없든 달성할 수 있다. 왜냐하면 재수가 없어 불행한 사고를 당하면 보험금이 지급되어 목표 달성이 가능하고, 재수가 있어 건강하게 살면 생활 능력이 있을 것이며 그동안 적립된 보험료로 만기 시에는 만기금을 타서 목표를 달성할 수 있기 때문이다.

도박과 투기는 처음에는 많은 자금을 투자하여 목표를 달성하려 할 수 있으나 돈이 바닥나서 궁해지면 방법이 없다. 기간이 지날수록 투자한 돈의 가치가 소멸된다.

보험은 미래의 행복 설계를 위해 현재의 돈을 투자하는 것으로, 미래의 생활이 불안감에서 벗어나 안정적으로 유지될 수 있도록 하는 것이다. 따라서 다른 금융기관 등을 통해 단순히 재산 증식만을 목적으로

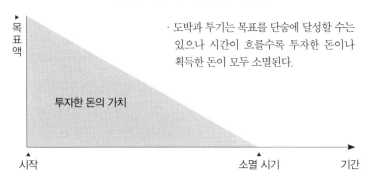

· 도박과 투기의 목표 달성 및 보장 방법 ·

목표액

· 도박과 투기는 목표를 단숨에 달성할 수는 있으나 시간이 흐를수록 투자한 돈이나 획득한 돈이 모두 소멸된다.

투자한 돈의 가치

시작   소멸 시기   기간

하는 수익률 투자와도 그 성격이 다르다. 결국 가정경제에서 저축이나 주식 투자, 부동산 투자, 엔젤투자(angel investment: 개인 투자자들이 돈을 모아 창업하는 벤처기업에 필요한 자금을 지원해주고 그 대가로 주식을 받는 투자 형태) 등의 일반 투자가 선택 품목이라면, 보험은 반드시 투자해야 할 필수 품목이라고 할 수 있다.

넷째, 사회 인식이 다르다.

보험은 과학적·합리적인 방법으로 보험료를 산출하여 경제력을 보전해주면서 사회보장제도의 역할을 수행하는 필수 불가결한 제도다. 이러한 보험의 기본 정신은 상부상조다. 그러나 도박과 투기는 스스로 노력하지 않은 채 남에게 해를 입히고 본인만 잘살려고 하는 파렴치한 행위로, 사회규범으로서는 용납할 수 없는 이단이다.

보험과 복권은
무엇이 다른가?

모든 상품 중 몇만 원 내고 몇억 원을 탈 수 있는 상품은 아마 보험과 복권 말고는 없을 것이다. 이처럼 보험과 복권은 둘 다 목돈을 마련하기 위한 것이지만 목돈 마련의 목적과 수단이 서로 다르다.

보험과 복권은 모두 사행계약(射倖契約, speculative contract)이다. 사행계약이란 계약을 통해 이루어지는 수익이 확률에 의해서 결정되고 이에 따라 요행을 노려서 우연한 이득을 얻는 계약을 말한다. 가장 대표적인 사행계약 상품이 복권과 경마이며, 보험도 이에 포함된다.

사행계약도 계약자유의 원칙하에 법령에 명시된 합법적인 제도다. 단, 사행성이 지나쳐서 공서양속에 반할 경우에는 민법 제103조에 따라 계약 자체가 무효가 된다. 보험이 사행계약인 이유는 해당 수익이 확률에 의해서 결정되고 장래의 우연한 사고의 발생에 따라 보험금 지급 여부가 결정되기 때문이다.

그런데 보험은 사행성 측면에서 볼 때 개인적인 급부와 반대급부에 차이가 발생하는 비등가성(非等價性)이지만 전체 집단을 대상으로 관찰하면 결국 같아지는 등가성(等價性)의 관계, 즉 수지 상등의 원칙이 성립한다. 수리와 과학을 통해 제도가 합리적으로 이루어진다. 그래서 보험에 가입하는 사람들도 요행이나 우연, 또는 고의적인 사고를 바라기보다는 보험을 미래의 불확실성에 대비하기 위한 재정 안정 보장 상품으로 인식한다. 반면에 경마, 복권 등의 사행계약 상품은 대부분 운과 요행을 노려서 우연한 이득을 얻으려고 구매하는 것이다.

　보험은 불행한 사고가 발생할 경우에도 일정 수준의 생활을 계속 유지할 수 있도록 가입하는 안전장치다. 그렇지만 복권은 현재보다 더 나은 생활을 하기 위해 일확천금을 노리고 구입하는 사행행위다. 다시 말해 복권 역시 투기나 도박의 성질을 갖고 있다. 다만 아주 소액으로 나누어 위험을 분산시키고 법적으로 제도화했다는 점이 투기나 도박과 다르다.

　따라서 최소한도로 지금 살고 있는 것보다 나빠지지 않기 위해, 즉 불의의 사고 시 경제력을 유지하기 위해 가입하는 것이 보험이고, 지금 살고 있는 것보다 훨씬 낫게 살고 싶은 욕망에 구입하는 것이 복권이다. 또한 보험은 불행한 사태에 대비하는 것인 만큼 소위 재수가 없어 화를 당할 경우에만 사망 보험금이 지급되고, 다행히 화를 당하지 않으면 만기금이나 노후 생활 자금 등 생존 보험금을 수령하게 된다. 그러나 복권은 재수가 없으면 당첨되지 않는다. 반드시 억세게 재수가 좋아 운수가 대통해야만 당첨되는 것이다.

많은 사람이 대박을 노리고 인생 역전을 꿈꾸며 복권을 구입하지만, 1등짜리 복권에 당첨된다는 것은 확률적으로 기적에 가까운 행운이다. 대부분의 사람들이 투자한 돈을 잃고 극소수의 당첨자만이 거액을 가져가는, 다수가 극소수의 행운아를 밀어주는 도박 게임이 복권이다. 대다수 사람들에게는 너무 먼 '그림의 떡'과 같은 상품이다. 보험에도 이러한 원리가 적용된다. 자동차보험이나 상해보험, 건강보험 등 보장성 보험 역시 다수의 가입자가 사고를 당하거나 질병에 걸리지 않고 계약 기간 동안 지급한 보험료로 불행한 일을 당한 소수의 가입자를 돕는다.

복권과 보험 모두 확률에 의존하는 사행성 계약이지만 그 기능과 목적은 전혀 다르다. 복권은 운이 좋은 사람에게 다수가 희생당하는 제도다. 반면 보험은 동일한 위험에 노출된 다수의 사람들 중에서 실제 불행에 처한 일부를 공동의 힘으로 구제해주는 상생의 복지 제도다. 보험은 요행으로 일확천금을 노리는 도박이 아니며, 투자나 투기처럼 가진 자의 부를 더욱 불려주는 수단도 아니다.

오히려 사고로 어려움에 처한 사람들에게 도움을 주고 갑작스러운 위험으로부터 생활이 나락으로 떨어지는 위급한 상황을 막아주는 삶의 마중물 역할을 한다. 무엇보다 우리가 보험을 가입하는 가장 중요한 목적은 그와 같은 우연한 사고로 어려움에 처하는 사람이 바로 나 자신 또는 가족이 될 수 있기 때문이다.

보험계약관계자는
누구를 말하나?

보험에 가입하려면 일정한 계약 조건이 충족되어야 한다. 먼저 보험료를 납입할 사람인 보험계약자와 위험에 대하여 담보할 사람 또는 물건(재물)인 피보험자, 그리고 보험금을 수령할 사람인 보험수익자, 보험상품을 판매하고 유지·관리하며 보험금을 지불하는 보험취급기관이 있어야 한다. 이를 통틀어 보험계약관계자라고 하는데 구체적으로 설명하면 다음과 같다.

보험계약자(保險契約者, policy holder)

보험계약자란 보험계약의 당사자로서 자기 명의로 보험회사에 보험계약을 신청하고 보험료를 납입할 의무를 지는 사람을 말한다. 돈을 내는 사람, 즉 보험료를 납부하는 사람을 보험계약자라고 한다. 손해보험에서는 보험료를 내는 사람이 보험계약자 또는 피보험자가 된다.

보험계약자는 보험계약을 맺을 때 또는 보험계약이 성립한 후 고지의무와 보험료 납입 의무 등 각종 의무를 짐과 동시에 보험증권의 교부청구권 등 각종 권리를 가진다. 보험계약자가 되기 위한 자격에 대해서는 법률상 별도의 제한은 없다. 개인이건, 법인이건 불문하며 다수인이 공동으로 보험계약자가 될 수도 있다.

보험계약자는 보통 자기 자신을 위하여 보험계약을 하지만 타인을 위하여 보험계약을 체결하는 경우도 있다. 자기를 위해 보험계약을 하는 경우 보험계약자는 보험금 청구권의 주체인 피보험자(손해보험의 경우) 또는 보험수익자(생명보험의 경우)와 일치하지만, 타인을 위하여 보험계약을 체결하는 경우에는 피보험자 또는 보험수익자와 일치하지 않고 별개의 사람이 된다.

1건의 보험계약을 체결하는 경우 보험계약자는 일반적으로 1명이지만 다수인이 공동으로 보험계약자와 보험수익자 또는 피보험자가 되는 경우도 있다. 만약 다수의 보험회사가 하나의 보험계약을 공동으로 인수하는 경우 그 보험계약은 각 보험회사에 영업적 상행위가 되므로 다수의 보험회사는 연대책임을 지게 된다.

피보험자(被保險者, insured, assured)

피보험자의 개념은 생명보험과 손해보험에서 각기 다르다. 인보험(人

保險)에서는 생명이 보험에 담보되어 있는 사람, 즉 보험기간 동안 사람의 삶과 죽음[生死]이라는 보험사고 발생의 대상(객체)이 되는 사람을 피보험자라고 한다. 피보험자를 담보로 하여 보험에 가입하기 때문에 피보험자의 생사에 따라 지급되는 보험금이 결정된다.

따라서 생명보험에서 피보험자에게는 보험계약에 따라서 어떠한 권리도 주어지지 않는다. 피보험자의 사망을 보험사고로 하는 보험계약을 체결할 때에는 반드시 피보험자의 동의를 받아야 한다.

손해보험에서는 보험가입 대상이 사람이 아닌 물건(재물)이기 때문에 피보험자는 보험사고(위험)가 보험의 목적(선박, 건물, 항공기 등)에 발생함으로써 손해를 입는다고 하는 이해관계(피보험이익)를 가지는 사람을 말한다. 즉 보험사고로 재산상의 손해가 생긴 때에 그 손해를 입게 되는 사람(피보험이익의 주체)으로서, 보험사고가 발생한 경우에 재산상의 손해배상(보험금 지급)을 보험회사에 청구할 수 있는 권한을 가진 사람이 피보험자다.

생명보험과 손해보험에서 보험계약자와 피보험자는 동일인일 수도 있고 그렇지 않을 경우도 있는데 보험계약자 자신을 피보험자로 하는 경우를 '자기를 위한 보험계약'이라고 하고, 보험계약자 이외의 제삼자를 피보험자로 하고 그 사람의 생명 또는 재물을 보험사고로 하는 경우를 '타인을 위한 보험계약'이라고 한다.

보험금 청구권자는 생명보험에서는 보험수익자이지만 손해보험에서는 피보험자다. 즉, 손해보험에서 피보험자는 피보험이익의 주체로서 사고 발생 시 손해를 보상받는 사람을 말하고, 생명보험과 상해보험 등 인보험에서 피보험자는 보험 목적의 대상이기 때문에 보험금을 지급받는 사람은 지정된 보험수익자다.

자동차보험에서는 기명 피보험자(보험증권에 기재된 피보험자)뿐만 아니라 피보험자동차에 탑승 중인 기명 피보험자의 양가 부모, 배우자, 자녀, 사위 등 가족 또는 피보험자를 위하여 자동차를 운전 중인 사람도 피보험자의 범위에 포함된다.

보험계약이 성립되기 위해서는 피보험자 집단의 위험이 공평해야 하고, 피보험자가 대수의 법칙이 적용될 수 있을 정도로 많이 있어야 하며, 공평한 피보험이익이 존재할 수 있도록 윤리성을 바탕으로 도덕적인 위험 요소가 없어야 하고, 계약이 계속 유지되어야 하는 등의 조건이 구비되어야 한다. 피보험자의 자격에 대해서는 손해보험의 경우 별도의 제한이 없지만, 생명보험의 경우에는 그 성질상 자연인에 한정되며 생명의 위험이 없는 법인은 포함되지 않는다.

보험수익자(保險受益者, beneficiary)

보험수익자란 보험계약을 체결한 후 보험사고가 발생했을 때 보험금의 청구권을 가지고 있는 사람을 말한다. 즉, 만기보험금이나 사망보험금을 수령하는 사람을 말한다. 보험수익자는 보험계약을 체결할 당시에 미리 지정하는 경우가 많은데 만약 미리 지정하지 않았을 경우에는 법정상속인이 보험수익자가 된다.

　인보험(생명보험, 제3분야 보험)에서 보험수익자는 피보험자와 동일인일 수도 있고 다른 사람이 될 수도 있다. 손해보험에서 보험금 청구권자는 피보험자이므로 보험수익자가 되는 사람은 피보험자이지만 피보험자로부터 보험금 청구권을 물려받은 사람을 실무상 보험수익자로 하는 경우도 있다. 그리고 피보험자와 보험수익자는 보험계약의 당사자는 아니지만 보험계약관계자로서 통지 의무와 손해 방지 의무 또는 고지 의무 등을 지는 것 외에, 경우에 따라서는 보험료 지급 의무도 지지 않으면 안 된다. 보험수익자의 인원수나 자격에는 제한이 없다.

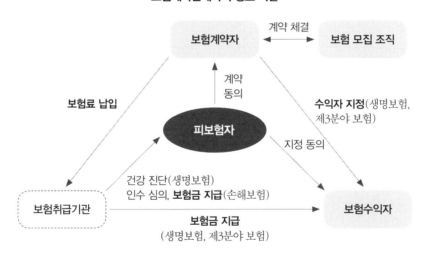

• 보험계약관계자의 상호 역할 •

보험취급기관

　보험취급기관은 보험 또는 공제사업을 영위하는 보험계약의 당사자로서 보험계약을 인수하고 보험사고로 인하여 피보험이익에 발생한 손해를 보상할 의무를 지는 금융기관을 말한다. 취급기관은 공적 보험의 경우 정부 기관, 사적 보험(민영보험)이나 공제의 경우 민간 보험회사와 공제조합 및 우체국 등이다. 공적 보험은 강제보험으로서 국민이면 누구나 가입해야 하는 의무보험이므로 여기서는 사적 보험(민영보험)인 개인보험(공제)을 취급하는 보험회사(공제조합도 포함)를 위주로 풀어나가기로 한다.

　보험계약자와 피보험자, 보험수익자가 정해졌으면 돈(보험료)을 내는 계약자는 보험회사에 보험을 가입하겠다고 하면 되는데, 보험 자체가 자발적으로 가입하는 데에는 특성상 한계가 있으므로 대개는 보험회사를 대신해 보험 상품을 판매하는 보험설계사나 보험대리점, 보험중개인, 직급 사원, 보험 쇼핑몰 등의 보험 모집 조직을 통해 가입하게 된다.

보험계약은
어떻게 성립되는가?

현대사회는 계약사회(契約社會, contract society)다. 과거에는 모든 것이 태어나면서부터 신분에 따라 결정되는 신분 사회였지만, 지금은 서로 간에 합의된 약속에 의해 일상생활이 이루어지는 계약사회다. 사람과 사람, 조직과 사람의 관계가 대부분 각종 계약으로 연결되어 있으며 이러한 계약을 통하여 사회의 질서가 유지되고 있으므로 계약은 우리 생활의 필수 불가결한 요소라고 할 수 있다.

계약은 쌍방 간에 약속한 것을 반드시 지키도록 하는 의사 합의인데, 주로 법률로써 성립 여부가 결정된다. 따라서 계약이 성립하기 위해서는 계약의 당사자가 있어야 하고, 당사자 간에 합의가 있어야 하며, 일정한 사항에 관하여 법률상의 구속력을 갖는 결정이 있어야 하는 등 여러 전제 조건이 수반되어야 한다.

보험계약도 마찬가지다. 보험계약이란 보험회사가 우연한 사고로 인하여 발생할 수 있는 경제적인 손해를 보전할 것을 약정하고 보험계약자는 그에 따른 보수를 지급할 것을 약정하는 계약을 말한다. 여기서 사고(事故, peril)란 생명보험과 제3분야 보험(상해보험, 질병보험, 개호보험) 등의 인보험에서는 사람의 생사와 관련된 보험사고를 말하고, 손해보험에서는 재물의 손실과 관련된 보험사고를 의미한다.

이와 같이 보험계약은 사람의 생사 및 재물의 손실과 관련된 사고가 발생하였을 경우에 그 손해를 보험금으로 보상해줄 것을 보험회사와 보험계약자 간에 약속하는 법률행위이므로 계약 당사자 서로는 계약이 올바로 성립될 수 있도록 합의문 작성에 신중을 기해야 한다. 왜냐하면 보험계약은 다른 어떤 종류의 계약보다도 신의와 성실을 바탕으로 한 고도의 윤리성이 뒤따르기 때문이다. 즉, 보험은 특성상 계약 당사자에게 높은 도덕성과 정직성 및 신의 성실을 요구하는데 이를 최대 선의의 원칙(principle of utmost good faith)이라 한다.

다른 일반 금융 상품에 가입할 때에는 가입서(계약서)에 신분을 밝히고 서명만 하면 되지만 사람의 생사와 직결되고 위험을 담보로 하는 상품인 보험은 어느 하나라도 소홀히 할 수 없다. 가입하고 싶다고 누구나 가입되는 것은 아니므로 절차가 매우 복잡하다. 보험계약관계자가 정해졌다고 하더라도 보험계약이 성립되기 위해서는 다음의 조건이 충족되어야 한다.

첫째, 합법적인 형식을 갖추어야 한다.

보험계약은 모든 종목의 상품을 판매할 때 일반적으로 서면에 의하여 합법적인 형식을 갖추어야 하는 서면계약(書面契約)이다. 단순히 말로만 청약 표시를 하는 구두계약은 원칙적으로 성립되지 않는다. 따라서 보험약관도 법적으로 합법적인 형식을 갖춘 것이어야 계약이 성립될 수 있다. 보험계약은 이렇게 합법성을 갖춘 요식행위다.

둘째, 보험계약관계자가 법적으로 하자가 없어야 한다.

보험회사는 정부 감독 기관의 허가를 받아 보험 영업을 합법적으로 할 수 있는 법인 자격을 갖추어야만 보험계약이 성립된다. 보험계약자는 미성년자나 금치산자, 한정치산자는 될 수 없다. 단, 미성년자의 경우 친권자나 법적인 후견인의 동의를 받으면 보험계약자가 될 수 있다. 또한 역선택이나 보험 사기 등 불법적인 목적을 가지고 체결된 보험계약은 성립되지 않는다.

보험계약의 구체적 성립 조건

· 위험의 발생 확률이 측정 가능할 것(일정한 우연적인 사고가 존재해야 함)
· 사고로 인하여 발생한 경제적인 손실을 보전해줄 수 있어야 함
· 가입 의사에 고의성이 없을 것(역선택, 즉 도덕적으로 하자가 없어야 함)
· 위험이 보험가입자에게 중대할 것
· 보험료가 적정할 것(확률계산에 의한 보험료의 갹출이 공평하게 이루어져야 함)
· 같은 위험에 노출되어 있는 사람들이 많을 것(경제적 불안에 대비하는 다수의 동질적인 경제주체가 서로 결합하여 단체적인 경제 준비가 이루어져야 함)
· 거대한 위험이 아닐 것
· 미풍양속에 어긋나는 보험이 아닐 것(상부상조를 바탕으로 한 경제 제도여야 함)
· 보험가입자의 필요와 부합될 것 등

보험계약자는 보험에 가입한다는 의사표시를 청약서를 통해 하고 보험회사는 계약자와 피보험자가 작성한 청약서를 심사하여 아무런 하자

가 없으면 이를 승낙해준다. 보험회사는 피보험자가 해당 계약에 적합하지 않은 경우에는 승낙을 거절하거나 별도의 조건(보험가입금액 제한, 일부 보장 제외, 보험금 삭감, 보험료 할증 등)을 붙여 승낙할 수 있다.

보험회사는 계약의 청약을 받고, 제1회 보험료를 받은 경우에 건강진단을 받지 않는 계약은 청약일, 진단 계약은 진단일(재진단의 경우에는 최종 진단일)로부터 30일 이내에 승낙 또는 거절해야 하며, 승낙한 때에는 보험증권을 제공한다. 단, 30일 이내에 승낙 또는 거절의 통지가 없으면 승낙된 것으로 본다. 승낙을 하면 계약이 성립된 것이므로 이때부터 가입한 보험 상품의 효력이 발생되며 보험증권이 계약자에게 지급된다.

청약서를 심사하는 도중 기재한 내용에 하자가 있으면 승낙을 해주지 않고 반송하는데 이를 '거절'이라고 한다. 보험회사가 거절을 할 경우에는 반드시 계약자가 청약을 한 날로부터 30일 이내에 하도록 되어 있으며, 30일 이내에 보험회사에서 거절 의사표시가 없으면 승낙한 것으로 간주된다. 승낙과 거절에 대한 보험회사의 판단 기준은 약관에 명시된 내용을 근거로 하여 적합한 청약이면 승낙하고 그렇지 않으면 거절한다. 보험회사가 제1회 보험료를 받고 승낙을 거절한 경우에는 보험계약자에게 거절 통지와 함께 받은 금액(제1회 보험료)을 3일 이내에 반환해주어야 한다. 만약 3일을 넘겨서 반환할 경우에는 보험료를 받은 기간에 대하여 평균 공시 이율 + 1%를 연단위 복리로 부리(附利)하여 계산한 금액을 가산해 지급한다. 다만, 계약자가 제1회 보험료를 신용카드로 납입한 계약의 승낙을 보험회사가 거절하는 경우에는 신용카드의 매출을 취소하며 이자를 더하여 지급하지 않는다.

보험가입 시
나이는 어떻게 계산하나?

보험가입 시에는 우리가 사회에서 일반적으로 사용하는 나이가 아니라 보험 나이를 적용한다. 자동차보험은 주민등록상의 만 나이로 계산하며, 그 밖의 모든 보험은 상령월(霜翎月), 즉 보험 상령일을 적용, 이를 보험 나이로 계산하여 보험료를 책정하고 있다.

상령월이란 보험 수리에서 주로 사용하는 전문용어인데 보험가입 시 적용되는 나이가 바뀌는 달을 말한다. 즉, 보험 연령의 계산에서 나이가 1세 올라가는 달을 말하는 것으로 주민등록상의 생일로부터 6개월이 경과한 날의 해당 월을 일컫는다.

보험 나이가 1세 올라가는 상령월이 되면 보험료가 인상되며, 이처럼 보험료가 변동되는 날을 상령일이라고 한다. 즉, 상령일은 보험계약 체결 시 보험회사가 나이를 정하는 기준으로 보험 적용 연령이 바뀌는 날짜를 말하는 것이다.

따라서 보험 나이는 보험가입 당시 계약 당사자의 만 연령을 기준으로 하되 1년 미만의 단수에 대해서는 6개월 미만은 버리고 6개월 이상은 1년으로 계산한다. 예를 들어 보험에 가입할 때의 실제 나이가 만 30세 5개월이라 한다면 보험 나이는 30세다. 그러나 만 30세 6개월이라 한다면 보험 나이는 31세가 된다. 이처럼 상령일이 지나면 보험 나이가 1세 많아지므로 보험료가 올라간다.

따라서 동일한 보험 상품이라 해도 보험 상령일이 지나면 보험료가 인상되므로 보험 상령일이 되기 전 보험에 가입하는 것이 유리하다. 보험에 가입할 때 나이에 따라 보험료가 다르다는 사실을 인식하고 '내가 보험 나이로 몇 살이 되는지'를 따져본 뒤 가능하면 자투리가 6개월 미만일 때 가입하는 것이 훨씬 이익이자 이른바 보험 테크의 지혜라고 하겠다.

단, 교육보험의 경우 자녀의 실제 연령과 상관없이 초등학교 입학 시에는 만 6세, 중학교 입학 시에는 만 12세, 고등학교 입학 시에는 만 15세, 대학교 입학 시에는 만 18세를 적용하므로 교육 자금도 학년 연령에 맞춰 지급해준다.

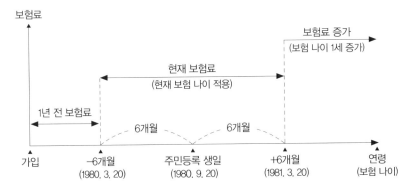

• 보험상령일 적용 방식(예시) •

보험계약은
어떠한 성질을 갖고 있나?

보험계약은 보험계약자가 보험료를 지급하고 보험회사가 피보험자의 생명이나 재산에 관하여 불확정한 사고가 발생할 경우에 일정한 보험금, 또는 그 밖의 급여를 지급할 것을 약정함으로써 효력이 발생한다. 이러한 보험계약은 다음과 같은 성질을 갖고 있다.

첫째, 보험계약은 낙성계약(諾成契約)이다.

보험계약은 원래는 보험계약 체결 시에 정형화된 보험계약 청약서를 이용하고 그 계약의 성립과 더불어 보험증권을 교부한다. 그러나 이는 법률상의 요건이 아니므로 다른 형식이나 특별한 절차를 요하지 않는 당사자 쌍방의 의사표시의 합치만으로도 계약이 성립하는 불요식(不要式) 낙성계약이다.

둘째, 보험계약은 쌍무계약(雙務契約)이다.

보험회사는 보험사고의 발생을 조건으로 보험금 지급 의무를 지고 보험계약자는 보험료 납입 의무를 진다. 따라서 보험계약은 보험금 지급 의무와 보험료 납입 의무가 서로 대립하는 쌍무계약이다.

셋째, 보험계약은 유상계약(有償契約)이다.

보험계약은 피보험자에게 보험사고가 발생할 경우 보험회사가 보험수익자에게 보험금을 지급할 것을 약속함으로써 보험수익자의 경제생활상의 불안을 제거해주고, 이에 대한 반대급부로 보험계약자가 보험회사에 보험료를 지급할 것을 약속하는 유상계약이다.

넷째, 보험계약은 선의의 계약이다.

보험계약은 가입자의 신의 성실을 원칙으로 하므로 보험계약자 또는 피보험자가 고지 의무를 위반할 경우 보험회사는 보험계약을 해지할 수 있도록 하고 있다. 보험은 특성상 계약 당사자에게 높은 정직성과 신의 성실을 요구하며 이것이 앞서 말한 최대 선의의 원칙이다. 보험계약 후 가입자에게 피해가 발생했을 때는 그것이 우연한 사고라는 요건이 충족되어야 보험회사가 보험금을 지급한다. 고의적 또는 악의적으로 발생한 사고의 경우에는 보험금을 지급하지 않는다.

다섯째, 보험계약은 부합계약(符合契約)이다.

보험계약은 다수의 가입자를 상대로 하여 체결해야 하므로 보험회사가 정한 약관에 따라 계약이 이루어질 수밖에 없다. 이와 같이 계약 당사자의 한쪽이 결정한 조건을 다른 한쪽이 사실상 그대로 따를 수밖에 없는 계약을 부합계약이라고 한다.

여섯째, 보험은 조건부 청구자산 계약이다.

조건부 청구자산(條件附 請求資産, contingent claims assets)은 상호계약에서 약정한 일이 발생했을 경우에만 약정된 금액을 청구하고 지급해주는 것을 말한다. 보험은 계약에서 정한 사고로 인하여 피해가 발생해야만 약정된 보험금을 지급하므로 이에 해당한다. 불량위험체가 불공정한 조건으로 보험에 가입하거나 고의적 사고의 피해까지도 보상해주면 보험 기금이 기대보다 쉽게 고갈돼 보험계약자 모두에게 보험료 인상이라는 부당한 폭탄이 떨어지기 때문이다. 이를 방지하기 위해 가입자가 보험금을 수령하는 것에 일정한 제한을 둔다.

따라서 보험은 조건부 청구자산이며, 충족해야 하는 조건 중 하나가 우연성이다. 이와 달리 은행 예금처럼 조건 없이 찾을 수 있는 금융 상품은 무조건 청구자산이라고 한다. 조건부 청구자산은 무조건 청구자산에 비해 가치가 낮아서 구입 가격도 상대적으로 저렴하다. 조건을 충족시킬 확률이 낮을수록 보험료는 더욱 낮아진다. 예를 들어 사망을 담보로 하는 생명보험을 계약할 때 계약자가 20대 젊은이라면 사망이라는 조건을 충족할 확률이 낮으므로 보험료도 낮아진다. 그러나 80대 노인이라면 사망이라는 조건을 충족할 확률이 상대적으로 훨씬 더 높으므로 보험료는 당연히 높아지게 된다.

일곱째, 보험계약은 보상계약이다.

보험계약은 피보험자가 사고로 경제적인 손실을 입었을 경우 그 손해를 보상해주는 보상(保償) 또는 보장(保障) 계약이다. 이 경우 생명보험, 건강보험 등 정액보험의 경우에는 보험계약 시 약정한 보험금을 지급해준다. 그러나 배상책임보험, 재산보험 등의 모든 손해보험은 실손보상보험이므로 사고로 인하여 실제로 입은 손해를 한도로 보상해준다.

여덟째, 보험계약은 정직성을 요구하는 계약이다.

보험에 가입할 때 계약자는 위험 발생에 관해 중요한 사항을 보험회사에 고지하고 공정한 보험료를 내야 한다. 보험은 계약자의 위험에 따라 보험료를 차등 부과하는데, 이는 보험의 특성상 차별이 아닌 공정한 행위로 인정된다. 만일 계약자가 고지 의무를 위반했을 때에는 보험계약이 공정하게 체결되었다고 볼 수 없으므로 보험금 지급 사유와 관계없이 보험회사가 해당 계약을 해지할 수 있다. 이처럼 계약자의 정직성을 요구하는 것은 보험회사를 보호하기 위한 것이기도 하지만 근본적으로는 선량한 제3의 보험가입자를 보호하기 위한 조항이다.

아홉째, 보험계약은 편무계약(片務契約)이다.

보험계약은 보험계약자와 보험회사 간에 상호 약속의 교환이 아니고, 일방적으로 보험계약자의 행위가 보험회사의 약속과 교환된다. 즉, 보험료를 납입하는 보험계약자가 약관에 규정되어 있는 보험사고가 발생했을 경우 보험계약자나 피보험자가 입은 경제적 손해를 보상해주겠다는 보험회사의 약속인 것이다. 이와 같이 계약 당사자 중 한쪽만이 일방적으로 법적 이행을 요구할 수 있는 계약을 편무계약이라고 한다.

보험계약자는 보험사고가 발생했을 때 보험금을 지급받기 위하여 보험회사에 계속보험료를 내면서 보험계약의 조항을 이행해야 할 의무가 있다. 그러나 보험회사는 보험계약자가 초회 보험료를 내고 보험계약을 체결한 경우 보험계약자에게 계속보험료의 납입과 계약 조항의 이행을 요구할 아무런 법적인 근거를 갖지 못한다. 즉, 보험계약의 이행 여부는 전적으로 보험계약자의 의사 여부에 달려 있다.

이러한 보험계약은 영리를 추구하는 보험회사의 경영 방침으로서 기본적인 상(商)행위이지만 보험계약 자체가 다수의 보험계약자를 대상으로 하여 단체·사회성·공공성 등을 띠므로 일반적인 상행위와는 구별된다.

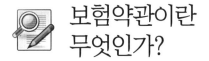

보험약관이란 무엇인가?

보험약관(保險約款, policy conditions)은 보험계약을 체결하기 위하여 보험계약자와 보험회사 간의 권리와 의무 및 해당 계약의 내용 및 조건 등 약속 내용을 미리 정해놓은 정형화된 계약 조항을 말한다. 보험약관은 모든 상품의 표준적인 계약 조항이 명시되어 있어 표준으로 사용되고 있는 표준 약관과 이와 다른 계약 사항을 정하여 계약을 체결할 수 있도록 특별한 계약 조건을 정해놓은 특별 약관 등 크게 2가지로 나뉜다. 특별 약관을 일반적으로 축약하여 특약이라고 한다.

보험 상품을 개발할 경우에는 표준 약관의 내용을 반드시 살려서 만들어야 한다. 원래 약관은 보험계약자와 보험회사가 일대일로 계약을 체결하는 데 필요한 규정을 만들어야 하지만, 현실적으로 이것이 불가능하기 때문에 보험회사가 일정한 절차를 거쳐서 내용을 표준화하여 일방적으로 만든다.

약관을 보험회사에서 일방적으로 만드는 이유는 다음과 같다. 첫째,

보험계약은 한두 사람이 아닌 수많은 사람과 계약을 체결하는 것을 전제로 하기 때문이다. 둘째, 보험은 위험한 사고가 발생했을 경우를 대비한 수단이므로 일일이 개인별로 만들어 가입한다면 계약 내용이 모두 달라 공평성을 해칠 우려가 있어서 합리적이지 못하기 때문이다. 셋째, 보험 상품은 내용이 어렵고 일반인들은 전문적인 지식이 부족하므로 계약을 개별적으로 할 수 없기 때문이다.

휴대전화 통신사에 가입할 때나 혹은 신용카드를 만들거나 가전제품을 살 경우에도 약관이 첨부되어 나오는데, 그러한 약관도 모두 해당 회사에서 일방적으로 만들어 가입(구입)하는 사람과 약속을 정하는 것이다. 이처럼 오늘날 대부분의 계약은 사업자가 일방적으로 작성하는 약관에 의하여 성립된다.

보험회사에서 약관을 만들 때 정부는 어떤 역할을 할까? 보험약관을 보험사에서 일방적으로 만들기 때문에 계약자보다는 보험회사에 이익이 될 염려가 항상 존재한다. 계약자는 '이 약관이 제대로 만들어진 것인지' 의구심을 가질 수 있다. 그래서 정부는 보험계약자를 보호하기 위하여 보험약관을 만들 때는 중요한 사항이든 아니든 간에 반드시 금융감독위원회의 인가를 받도록 보험업법에 명시해놓고 실질적인 관리감독을 하고 있다.

그리고 난해한 보험 용어를 가능한 한 쉽게 쓰고 알쏭달쏭한 내용도 간단명료하게 하여 누구나 이해할 수 있도록 노력하고 있지만, 아직도 내용이 어렵고 복잡한 탓에 보험가입 시 약관 내용을 전부 읽어보고 가입하는 사람은 극히 드문 것이 현실이다.

또한 보험계약 시 청약서의 고지 의무 사항이나 자필 서명 등을 보험설계사나 보험대리점이 대필하는 경우가 간혹 있어 보험 분쟁이 발생할 우려가 있으므로, 표준 약관에서는 청약서에 계약자나 피보험자의 의사와 다르게 기재한 행위에 대해서는 회사가 책임을 지도록 규정하고 있다. 청약서의 자필 서명란 필적이 계약자 및 피보험자의 것일 경우 보험회사는 책임을 지지 않으므로 반드시 본인(계약자 및 피보험자)이 서명 또는 날인을 해야 한다.

보험약관의 내용이 어려운 까닭에 보험 감독 기관에서는 다음과 같은 우선 원칙을 적용하여 계약자를 보호하고 있다.

첫째, 약관을 설명할 의무

보험 품질보증 리콜 제도를 실시하여 보험계약 시 모집자가 보험 상품을 판매할 경우에는 약관에 기재된 내용 중 중요한 사항은 반드시 계약자가 이해할 수 있도록 설명하게끔 하고 있다. 만약 제대로 설명하지 않았을 때에는 보험계약자가 계약을 취소할 수 있도록 하고 있다.

둘째, 작성자 불이익의 원칙

약관 내용이 모호한 경우에는 약관 작성자인 보험회사보다는 계약자에게 유리한 방향으로 해석하여 적용해준다.

셋째, 개별 약정 우선의 원칙

보험회사와 보험계약자가 약관의 내용과 다르게 서로 합의한 사항에 대해서는 약관보다 합의한 사항이 더 우선시되도록 하고 있다. 합의 사항은 서면 또는 구두에 의한 것이어도 가능하다. 그러나 이 경우 약관의 내용보다 계약자에게 더 불리한 합의 사항은 인정되지 않는다. 조금이라도 계약자에게 이익이 되어야 한다.

이와 같이 보험계약의 성립 절차는 매우 복잡하므로 정부에서는 보험계약자에게 불이익이 가지 않도록 반드시 기획재정부 장관의 허가를 받아야만 보험회사가 보험사업을 할 수 있도록 하고 있다. 참고로 보험계약에 적용되는 법률과 보험약관의 적용 순위는 일반적으로 다음과 같다.

① 보통보험약관(보험자가 미리 작성한 보험계약의 내용을 이루는 약관)
② 특별보통보험약관(특수한 보험에서 보통보험약관만으로는 불충분하여 다시 상세한 약정을 한 약관)
③ 특별보험약관(개개의 보험계약 체결 시 당사자가 보험약관에 의하지 않고 개별적인 사정에 따라 내용을 정한 약관)
④ 보험업법
⑤ 보험계약법(상법)
⑥ 민법

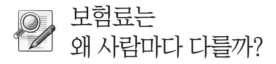

보험료는 왜 사람마다 다를까?

일반적인 제품을 구입할 때는 누가 그것을 구매하든 상품만 같다면 가격이 동일하다. 그런데 보험은 똑같은 상품을 가입하는데도 성별에 따라 또는 나이에 따라서 가격(보험료)이 제각기 다르다. 그야말로 천차만별이다. 생명보험, 손해보험, 공제 등 모든 보험 상품은 가입자의 직업에 따라 보험료가 다르며 위험 직급의 경우 보험료가 상대적으로 비싸다.

사람마다 보험료에 차이가 있는 까닭은 맨 처음 가격을 책정할 때부터 일반 제품과 보험료의 가격 산정 방식이 완전히 다르기 때문이다. 일반 제품은 가격 책정 시 상품 원가에다 인건비와 물류비, 서비스료, 이윤 등을 포함하여 결정하지만, 보험은 예정위험률(생명보험은 예정 사망률, 손해보험은 예정 손해율)과 예정이율 및 예정사업비율 등 과학적이고 기술적인 수리(數理)를 기초로 하여 요금이 책정된다.

생명보험과 상해보험은 인간의 생사에 대한 경제적 손실을 보장해주는 수단이므로, 이러한 상품을 개발할 때에는 반드시 가입할 사람들의 생존 확률과 사망 확률을 따지게 된다. 손해보험은 재물에 대한 경제적 손실을 보상하는 수단이므로 상품 개발 시에는 반드시 보험가입 대상(담보 물건)에 대한 위험률과 손해율을 따지게 된다. 보장성보험 상품 개발 시에는 사망 확률을 더 따지고 저축성보험 상품 개발 시에는 생존 확률을 더 따진다.

일반적으로 사람의 평균수명에 따라 사망(생존) 확률이 다르다. 즉, 현재의 나이에 따라 앞으로 살아갈 기간에 차이가 있다. 따라서 사망보험에 가입할 경우 나이가 많은 사람은 그만큼 평균 여명이 짧아 젊은 사람보다 사망 확률이 높으므로 보험료가 비싸지는 것이다. 반대로 나이가 어린 사람은 사망할 확률이 상대적으로 낮으므로 보험료가 저렴해진다. 이와 같이 보험은 예정위험률을 기초로 하여 상품을 만들기 때문에 연령별, 성별 또는 담보 물건에 따라 보험료가 각기 다른 것이다.

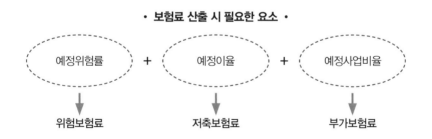

• 보험료 산출 시 필요한 요소 •

예정위험률 + 예정이율 + 예정사업비율

위험보험료 　　　저축보험료 　　　부가보험료

그러나 저축성보험은 사망 시의 위험보다는 생존 시의 생존보험금 지급이 목적이므로 연령에 관계없이 보험료가 같거나 약간의 차이가 있을 뿐이다. 즉, 위험 보장액을 최소화한 상품일수록 보험료는 연령에 관계없이 비슷하고 위험 보장액이 클수록 보험료는 연령에 따라 차이가 많이 난다. 간병보험이나 질병보험 등도 보장성보험과 같이 연령에 따라 보험료에 차이가 크다.

특히 신체가 건강한 사람(표준체)이 아닌 장애인 등의 경우(표준미달체)에는 정상인보다 보험료가 높은데, 그것은 그만큼 위험 요소가 많기 때문이다. 또 복싱 선수, 화물 운전자, 비행기·선박 운전자, 육체노동자 등은 사무직 종사자보다 산업재해사고나 교통사고에 노출될 위험이 더 커서 보험료가 비싸다.

결국 보험료는 보험에 가입하려는 사람의 성별, 나이, 직업, 신체의 건강 상태 그리고 환경적으로 위험 요소가 있느냐 없느냐, 만약 있다면 그것이 얼마나 되느냐에 따라 달라지는 것이다.

일반적으로 보장성보험은 여성이나 건강한 사람, 나이가 어린 사람 등 앞으로 오래 살 사람이 남성이나 몸이 아픈 사람, 사고 확률이 높은 사람, 나이가 많은 사람 등 상대적으로 짧게 살 사람보다 보험료가 저렴하다. 그러나 사망 시에는 지급되지 않고 생존 시 보험금이 지급되는 보험의 경우는 그와 정반대다. 이런 순수한 생존보험은 어린이보험이나 교육보험 등에만 국한되어 있고 성인과 관련된 보험은 거의 없다. 단, 연금보험은 생존보험으로서 오래 살아야 혜택이 많기 때문에 여성이 평균수명이 긴 것을 감안하여 남성보다 보험료가 약간 높다.

보험계약자의 권리는
무엇인가?

보험계약에서 가장 중요한 사람은 뭐니 뭐니 해도 머니(money), 즉 돈(보험료)을 내는 사람이다. 돈을 내는 사람인 보험계약자(손해보험에서는 보험계약자 또는 피보험자)가 없으면 보험계약 자체가 성립할 수 없다. 보험에 가입할 것인가, 말 것인가는 전적으로 보험계약자의 주관적인 판단에 달려 있다.

보험계약자는 계약을 체결하는 사람, 즉 보험에 가입한 이후 돈(보험료)을 내는 사람이다. 따라서 돈(보험료)을 내는 만큼 계약을 체결한 주인공으로서 그에 대한 여러 가지 권리가 있다. 이를 자세히 살펴보면 다음과 같다.

첫째, 보험금을 수령할 사람을 지정할 권리가 있다.

보험에 가입하면 나중에 누가 돈(보험금)을 타 가느냐가 가장 중요한 문제라고 할 수 있다. 이 돈(보험금)을 받는 사람이 보험수익자인데, 이를 지정하고 변경할 수 있는 사람은 오로지 보험계약자뿐이다. 보험계약자는 보험에 가입할 때뿐만 아니라 보험기간 중에는 언제라도 보험수익자를 바꿀 수 있는 권한이 있다. 보험수익자를 변경하는 것은 보험계약자만의 고유한 권한이다.

둘째, 보험을 해약할 권리가 있다.

보험에 가입하고 가입하지 않고는 전적으로 보험계약자의 마음에 달려 있듯이, 가입한 보험을 해약할 것인가 말 것인가도 전적으로 보험계약자의 의사에 좌우된다. 오직 보험계약자만이 보험을 해약할 수 있다. 이는 보험수익자도 할 수 없다. 여기서 보험수익자는 만기 시나 피보험자의 사망 시에 보험금을 수령하는 사람이다. 보험을 해약할 권리가 있으므로 해약환급금도 당연히 보험계약자의 몫이다. 내가 냈던 돈을 내가 가져가는 것이다.

셋째, 피보험자를 선정할 권리가 있다.

생명보험이나 상해보험에서는 피보험자를 보험계약자가 선정한다. 피보험자가 보험계약자 본인이 아닌 다른 사람일 경우에는 반드시 피보험자의 동의를 받아야 한다. 그렇지 않으면 계약은 무효가 된다. 손해보험에서는 대부분의 계약이 피보험자 자체가 보험계약자다. 다시 말해 피보험자는 계약자 본인이 될 수도 있고 다른 사람이 될 수도 있다.

넷째, 보험기간 중 모든 생존보험금을 수령할 권리가 있다.

보험에 가입한 후에 돈이 지급되는 경우는 앞에서 설명했듯 해약 시 지급되는 해약환급금과 아무런 사고 없이 생존할 경우 지급되는 축하금·교육 자금·건강 생활 자금·연금 등 생존보험금, 계약자 배당금, 만기보험금, 그리고 사고 시 지급되는 치료비와 후유 장해 시 지급되는 장해 급여금, 사망 시 지급되는 보험금 등으로 구분된다.

이 중에서 장해 급여금, 만기 시 지급되는 만기보험금, 사망 시 지급되는 사망보험금 등은 보험계약자가 별도의 수익자를 지정할 경우 그 수익자가 돈을 수령하지만, 그 외에 해약 시의 환급금과 피보험자의 생존 시에 지급되는 모든 생존보험금은 계약자에게 지급된다.

다섯째, 보험계약 내용을 변경할 권리가 있다.

보험계약자는 보험가입 후 가족 구성, 가계 수입 등 가정의 재정 안정 계획에 변화가 있을 경우 가입한 보험계약의 보장 크기나 내용 등을 변경하거나 전환하여 올바른 보험설계를 할 권리가 있다. 보험계약자가 보험계약의 내용을 변경해줄 것을 요청하면 보험회사는 이를 변경한 후 보험계약자에게 서신으로 통보하거나 또는 보험증권에 배서하여 교부해야 한다.

보험계약자 마음대로 보험계약의 변경이나 전환이 가능한 대상은 보험 종목의 변경, 보험기간의 단축, 보험가입금의 감액, 보험계약자와 보험수익자의 변경, 보험료 납입기간 및 방법의 변경, 기타 보험계약 관련 내용이다. 그러나 보험 종류의 변경이나 보험가입금의 증액, 보험기간

의 연장 등 역선택의 위험이 있는 사항에 대해서는 보험회사의 승인이
있어야 한다.

여섯째, 보험료 납입 방법을 변경할 권리가 있다.

보험료를 내는 사람은 계약자이므로 납입 방법을 어떻게 변경하든
이 또한 계약자의 마음에 달렸다. 월납으로 하든 비월납(非月納: 3개월납,
6개월납, 연납, 일시납 등)으로 하든 혹은 보험설계사에게 보험료를 내든 은
행지로(giro)나 자동이체를 이용하든 아무 상관이 없다. 계약자가 원하
는 방식대로 하면 된다.

보험계약자의 의무는 무엇인가?

일단 보험에 가입하고 나면 보험계약자가 반드시 지켜야 할 의무가 따라다닌다. 만약 이 의무를 이행하지 않으면 보험계약이 무효가 되어 해지 처리되거나 또는 보험사고가 발생해도 보험금이 정상적으로 지급되지 않고 감액되어 지급된다. 보험계약 전에는 모든 것이 계약자의 마음대로 결정되지만 보험에 가입한 이후부터는 지켜야 할 사항이 많다. 따라서 보험계약자는 가입 상품을 선택해 계약을 체결한 뒤 어떠한 의무를 지켜야 하는지 알아둘 필요가 있다.

첫째, 보험가입 시 고지 의무를 해야 할 의무가 있다.

보험은 피보험자를 담보로 하여 계약을 체결하므로 피보험자의 연령, 직업, 건강 상태나 운전 여부, 예전에 앓았거나 현재 앓고 있는 지병이 있는지 없는지 등의 사항을 반드시 보험회사에 알려야 한다. 이와 같이 보험계약자 또는 피보험자는 보험계약을 체결할 때 보험회사가 위험이 어느 정도인지를 측정하여 인수 여부를 결정할 수 있도록 주요 사항을 보험회사에 알려야 하고, 또 중요한 사실에 관하여 거짓되지 않게 알릴 의무가 있다. 이를 고지 의무라 한다.

고지 의무는 보험계약이 성립하기 전에 하는 것으로써 '계약 전 알릴 의무'라고도 하는데 계약 성립 후에 알려야 하는 통지 의무와는 엄연히 구별된다. 고지 의무를 하는 방법으로는 계약을 맨 처음 체결할 때 또는 부활할 때 청약서의 고지 의무란에 기재된 내용에 대해 솔직하게 기입하고, 진단 계약의 경우에는 보험회사에서 지정한 의료 기관에서 건강진단을 받으면 된다.

이때 피보험자가 알릴 사항만 피보험자에게 알려달라고 의무를 지우면 되지만 청약하는 사람이 보험계약자이므로 보험계약자도 피보험자와 같이 정확하게 알려야 할 의무가 있다. 보험회사는 가입자의 고지 의무를 토대로 위험의 인수 여부나 보험료 또는 보험계약의 조건을 결정한다. 만일 고의나 중대한 과실로 고지 의무를 위반할 경우 보험회사는 그 사실을 안 날로부터 1개월 이내에 계약을 해지하여 보험금의 지급을 거절할 수 있다.

둘째, 보험가입 후 보험료를 내야 할 의무가 있다.

보험계약자는 보험계약이 성립되면 그 계약이 유지되어 만기가 될 때까지 또는 보험사고가 발생하여 보험금 지급으로 보험계약이 종료될 때까지, 즉 보험료 납입기간 동안은 보험료를 내야 할 의무가 있다. 생명보험이나 상해보험에서 보험료 납입 의무는 계약자에게만 있으므로 보험료는 보험수익자 등 보험계약자 이외의 사람이 낼 의무가 없다. 그러나 손해보험에서는 피보험자가 주로 보험계약자이므로 보험료 납입 의무는 피보험자에게 있다. 단, 다른 사람(피보험자)을 위하여 손해보험을 가입해줄 경우에는 당연히 보험계약자가 보험료를 내야 한다.

여기서 다른 사람(타인)을 위한 보험계약에 대하여 잠시 알아보자. 타인을 위한 보험계약이란 보험계약자가 타인의 이익을 위하여 자신의 이름으로 체결한 보험계약을 말한다. 생명보험이나 상해보험 등 인보험에서는 보험수익자가 타인이 되고, 손해보험에서는 피보험자가 타인이 된다. 인보험계약에서 보험계약자는 임의로 다른 사람을 위해 보험을 들어줄 수 있다. 그러나 손해보험계약에서는 다른 사람을 위해 보험을 들어줄 경우 그 상대방(피보험자)의 동의를 받아야 한다.

손해보험의 경우 보험료는 보험계약자가 당연히 납입해야 할 의무가 있지만 만약 보험계약자가 파산선고를 받거나 보험료 납입을 지체할 경우에는 그 타인이 권리를 포기하지 않는 한 그 타인도 보험료를 납입할 의무가 있다. 한편 생명보험은 보험계약자에게만 보험료를 납입할 의무가 있다.

셋째, 보험 유지 기간 중 통지 의무가 있다.

보험가입자는 위험 지수를 적용하는 보험에 가입한 후 보험기간 중에 당초 보험계약 청약서에 기재하였던 사실이 변동되었거나 보험사고가 생긴 때에는 이를 즉시 보험회사에 알려야 한다. 이를 통지 의무라고 한다.

통지 의무 내용은 피보험자의 직업 또는 직무(운전 종류 포함)의 변경 등이다. 통지 의무에는 위험 변경이나 위험 증가의 통지 의무와 보험사고 발생의 통지 의무 등이 있다. 만약 통지 의무를 이행하지 않으면 보험금 지급 시 많은 불이익이 돌아올 수 있다.

직업 또는 직무(운전 종류 포함)의 변경에 따라 위험이 감소된 경우에는 보험료가 감액될 수 있으며 이후 기간 보장을 위한 재원인 책임준비금 등의 차이로 인해 발생한 정산 금액을 환급받을 수 있다. 반대로 위험이 증가된 경우에는 납입 보험료의 증액 및 정산 금액의 추가 납입이 발생할 수 있다.

보험계약자 또는 피보험자는 보험가입 후 보험사고 발생의 위험이 현저하게 변경되었거나 또는 증가되었을 때 지체 없이 보험회사에 서면으로 알려야 할 의무가 있다. 이를 알리지 않았다가 보험회사가 이 사실을 알게 된 경우에는 안 날로부터 1개월 이내에 계약이 해지될 수 있으며, 이때 보험금 지급 사유가 발생했다손 치더라도 보험회사는 보험금을 지급할 의무가 없다.

보험기간 중 주소나 연락처가 변경되었을 경우에도 즉시 보험회사에 알려야 한다. 그래야 보험료 납입 영수증이 필요하거나 보험회사에서 계약 배당금 등이 발생할 경우에 즉시 연락을 취할 수 있다. 주소 변경이나 보험금 지급 사유 발생 시의 통보는 전화로도 가능하지만, 앞서 설명한 바와 같이 가입 기간 중 사고 위험이 증가된 경우에는 서면으로 처리해야만 인정된다. 또 이를 서면으로 보험회사에 고지한 뒤에는 반드시 보험증권에 확인을 받아놓아야 뒤탈이 없다. 직무나 직업이 변경되었을 경우에는 해당 보험사의 콜 센터 또는 가까운 영업점에 내방하여 통지해야 한다.

넷째, 보험사고 발생 후에 손해를 방지할 의무가 있다.

이는 손해보험에 적용되는 의무 사항이다. 보험사고가 발생한 후에도 피보험자의 노력에 따라서는 손해가 더 이상 확대되지 않을 수도 있으므로 보험회사에 연락하여 사고 발생의 수습 처리에 대한 조언을 구해야 한다. 발생한 사고와 관련하여 피보험자의 노력에 의해 충분히 사고 비용이 경감될 가능성이 있었다고 판단되면, 피보험자가 손해 방지 책임을 소홀히 했다고 보아 보험금에서 피보험자 책임 소홀로 손해를 본 액수만큼 감액하여 지급한다.

다섯째, 보험사고 발생 후 협력할 의무가 있다.

만기 시 지급되는 보험금은 상관없지만 보험사고 발생 후에 지급되는 사망보험금은 사고 조사가 반드시 필요하다. 이 경우 보험회사의 사고 담당 직원에게 사고가 신속하고 올바르게 처리되도록 협조할 의무가 있다. 만약 협조를 게을리하면 보험금 지급이 지연될 수 있다. 이때 협조해줄 사람은 생명보험의 경우 보험수익자이며 손해보험의 경우 피보험자 또는 법정상속인이다.

보험회사의 의무는
무엇인가?

보험회사는 보험계약의 당사자로서 보험계약자에게 보험료를 받고
보험사고가 발생하였을 경우 그 위험에 대한 손해를 보장(보상)하여 보
험금을 지급하는 영리단체다. 그러나 보험사업은 영리를 목적으로 하
지만 일반 민간사업과는 다른 특성이 있다.

보험사업은 다수의 보험계약자로부터 거두어들인 보험료를 관리, 안
전하게 운용하고 보험사고 발생 시에는 약정된 보험금을 확실하게 지
급함으로써 가입자가 우연한 사고로 인하여 경제생활이 위협받거나 파
괴되는 것을 방지하는 데 그 본질적인 기능이 있다. 따라서 보험사업은
개인 활동이나 기업 활동을 포함한 국민경제의 전반에 밀접한 관계가
있으므로 공공성을 띨 수밖에 없다.

그리고 보험은 인간의 생명과 재산을 담보로 하여 보험 거래가 이루
어지는 까닭에 상부상조의 정신과 신의 성실에 입각한 고도의 윤리성
을 바탕으로 성립되어야 한다. 다시 말해 보험사업은 일종의 상거래이

지만 상품 특성상 여타의 상거래와 달리 무형의 신용을 판매하고 불특정 다수인을 상대로 사업을 하며 보험계약자가 납입한 보험료로 조성된 거액의 자금은 국민경제의 발전에도 기여한다. 따라서 보험가입자의 보호와 보험산업의 건전한 육성 및 국민경제의 균형 있는 발전을 위해 정부의 특별한 규제와 감독이 필요하다.

이와 같은 이유로 정부에서는 보험업법에 보험사업을 할 수 있는 조건을 엄격히 규정하면서 보험회사의 책임과 의무를 명시해놓고 실질적인 관리 감독을 하고 있다. 보험회사는 다음과 같은 의무를 져야 한다.

첫째, 보험금 등 제지급금을 지급할 의무가 있다.

보험회사는 보험계약 기간에 약관에서 정한 보험사고가 발생한 경우에는 보험수익자에게 보험금을 지급할 의무를 진다. 보험회사는 원칙적으로 제1회 보험료를 납입받은 때로부터 발생한 사고에 대해서만 책임을 진다.

그러나 당사자 간에 계약 전의 어느 때를 보험기간의 시기로 정한 소급보험의 경우에는 그 시기로 정한 때로부터 보험회사가 책임을 지게 된다. 그리고 약정이 없으면 보험회사는 보험사고 발생을 통지받은 날로부터 10일 이내에 보험금을 지급해야 한다.

보험금 지급의 의무 기간은 보험사고가 발생한 때로부터 2년이며 이 기간이 지나면 2년의 시효는 소멸한다. 그리고 보험기간 내에 보험사고가 발생하더라도 보험회사의 면책 사유에 해당하는 경우 보험회사는 보험금의 지급 책임을 부담하지 않아도 된다.

둘째, 보험증권을 교부할 의무가 있다.

보험회사는 보험계약자의 청구에 따라 보험증권을 작성하여 보험계약자에게 교부해야 한다. 또 보험계약자가 보험증권을 분실하거나 혹은 현저하게 훼손하여 재교부를 청구한 때에는 보험계약자의 비용으로 이를 재교부해줄 의무가 있다.

셋째, 보험료를 반환할 의무가 있다.

보험계약의 전부 혹은 일부가 무효인 경우 보험계약자와 피보험자 또는 보험수익자에게 중대한 과실이 없을 때에는 보험료의 전부 또는 일부를 반환해야 한다. 그리고 보험계약자는 보험사고가 발생하기 전에는 언제든 계약을 해지할 수 있는데 이때에는 미경과보험료를 반환해야 한다. 미경과보험료란 수령한 보험료 중 해지 시까지의 보험기간을 공제한 나머지 보험기간분에 해당하는 보험료를 말한다. 보험회사의 보험료 반환 의무 기간은 2년이며 이 기간이 지나면 시효가 소멸된다.

넷째, 보험료적립금을 반환할 의무가 있다.

보험사고가 발생하기 전에 보험계약자의 해약이나 보험료 불납입(不納入), 고지 의무 위반, 위험의 변경·증가로 인한 계약 해지, 보험회사의 파산으로 인한 계약 해지 및 보험회사의 면책 사유로 보험 금액의 지급 책임이 면제된 때에는 보험수익자를 위해 적립한 금액을 보험계약자에게 지급해야 할 의무가 있다. 그러나 보험사고가 보험계약자의 고의 또는 중대한 과실로 발생했을 경우 보험회사는 보험료적립금을 보험계약자에게 지급할 의무가 없다. 보험회사의 보험료적립금 반환 의무 기간은 2년이며 이 기간이 지나면 시효가 소멸된다.

다섯째, 해약환급금을 지급할 의무가 있다.

순수 보장성보험 등을 제외한 나머지 보험계약은 주로 장기간 계속되기 때문에 보험계약자는 언제든지 임의로 계약을 해지할 수 있다. 이 경우 보험회사는 해당 계약을 위하여 적립한 책임준비금 중에서 사업비를 공제한 금액인 해약환급금을 보험계약자에게 지급해야 한다.

여섯째, 이익을 배당할 의무가 있다.

보험약관에 이익이 발생했을 때 이익의 일부를 보험계약자에게 배당할 것을 정한 경우에는 그 조항에 따라 이익배당을 할 의무를 부담하고 그 지급을 위해 준비금을 적립해야 한다.

일곱째, 자산의 관리와 운용의 의무가 있다.

보험회사의 자산은 주로 보험계약자가 납입한 보험료로 이루어진다. 엄밀히 따지면 자산은 보험가입자에게 언젠가는 지급해야 할 부채로 조달된 것이다. 그러므로 보험계약상의 채무이행에 대비하여 언제든지 보험가입자에 대한 지급 의무를 이행할 수 있도록 자산의 유동성을 확보하여 안전하고 적정하게 운용해야 할 책임이 있다. 즉 보험회사는 다른 사람의 자금을 관리하는 선량한 관리자로서 보험가입자의 자금을 효율적으로 관리하고 운용해야 한다.

보험료는
어떻게 구성되고 운영되나?

보험에 가입하여 보험료를 내는 것과 은행에 저축하는 것에는 어떤 차이가 있을까? 보험료를 납입하든 저축을 하든, 돈을 낸다는 것은 똑같지만 그 돈이 어떻게 운영되는가는 매우 다르다.

예를 들어 100원이 있다고 하자. 은행에 100원을 저축하면 은행은 그 100원 전부를 가지고 수익률을 높이기 위해 투자 대상을 물색하여 운영한다. 그러나 보험에서는 보험료로 지불된 100원이 전부 저축되는 것이 아니다. 비록 저축성보험에 가입했다 하더라도 보험의 원리상 일부는 장래 사망보험금 지급을 위한 재원(위험보험료)으로 나가고 또 일부는 보험회사를 운영하기 위한 사업비(부가보험료)로 나간다. 그리고 나머지 돈이 저축 자금(저축보험료)으로 운영된다.

따라서 아무리 좋은 저축성보험에 가입했어도 내가 낸 돈(보험료)이 전부 나의 장래 수익을 위해 투융자되는 것이 아니라 그중 90% 정도가 운영되므로 중도 해약 시에는 당연히 원금보다 적게 받게 된다.

더구나 보험회사에서는 가입 초기에 증권 발행, 건강진단, 보험설계사 수당 지급 등 신계약 체결 시 드는 비용(신계약비)과 내근 사원 인건비, 점포 유지·관리 등 계약 유지·관리 및 자산 운용 등에 드는 비용(유지비), 계속보험료의 영수증 발행 및 관리에 드는 비용(수금비) 등 상당한 경비가 발생한다. 따라서 가입 후 1~3년 동안은 이에 필요한 비용(부가보험료)을 많이 책정하므로 가입 초기의 해약환급금이 매우 적게 나오는 것이다.

알기 쉽게 설명하면, 저축성보험의 경우 보험료로 100원을 냈을 때 이 중 90원은 저축을 위한 종잣돈으로 운영되고 5원은 사망보험금 지급을 위한 재원으로, 나머지 5원은 보험회사를 운영하기 위한 사업비로 충당된다고 할 수 있다. 보장성보험의 경우는 보험료로 100원을 냈을 때 만기환급금이 없는 소멸성의 순수 보장성보험은 80% 정도가, 만기 환급형 보험은 약 50%가 사망보험금 지급 재원으로 운영되고 나머지 돈은 해약환급금 및 만기보험금 등의 재원과 사업비로 지출된다고 생각하면 된다.

즉, 보험료는 해당 상품이 ① 위험 보장을 주목적으로 하는가 아니면 재산 증식이나 노후 설계 등 저축을 주목적으로 하는가에 따라, ② 보험기간이나 판매 방식에 따라, ③ 보험회사에서 사업비를 해당 상품에 얼마나 책정해놓았는가에 따라 보험료 구성 비율이 제각기 다르다.

그런데 만기 환급형 보험의 경우 저축보험료가 60%도 안 되는데 어떻게 이미 납입한 보험료 100%를 전부 다 지급해줄까? 보험은 장기성이므로 가입자가 낸 보험료를 보험회사가 잘 굴려 계속 이자가 불어나기 때문이다. 이러한 원리로 볼 때 보장성보험의 경우 한 상품의 가입자 수가 약 10만 명은 되어야 성립될 수 있으며 배당 상품의 경우 계약자 배당금도 더 많이 나온다. 대수의 법칙상 항상 일정한 비율로 똑같은 경우의 수가 나오려면 10만 명 이상은 되어야 하기 때문이다. 보장성보험은 사고가 발생할 위험도가 높은지, 낮은지에 따라 보험료의 규모가 결정된다.

따라서 보험은 계약 건수가 많으면 많을수록, 건전한 계약자가 많을수록 또는 사망자 수가 적을수록, 보험회사가 보험료를 잘 운영하면 할수록 계약자 배당금이 많이 나오고 해약환급금도 올라간다.

일반적으로 보험료는 사망보험금 지급 재원에 필요한 보험료인 위험

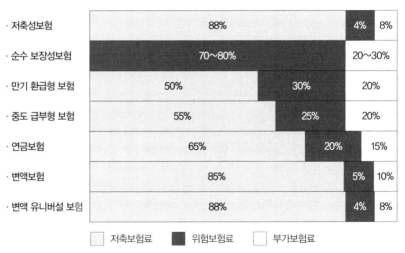

· 상품별 보험료의 구성 비율 ·

	저축보험료	위험보험료	부가보험료
· 저축성보험	88%	4%	8%
· 순수 보장성보험		70~80%	20~30%
· 만기 환급형 보험	50%	30%	20%
· 중도 급부형 보험	55%	25%	20%
· 연금보험	65%	20%	15%
· 변액보험	85%	5%	10%
· 변액 유니버설 보험	88%	4%	8%

※ 이는 독자들이 알기 쉽게 만든 예시 자료이며 실제로는 보험회사마다 또는 상품 성격 및 조립 방법, 판매 형태, 상품 구조, 가입자의 직업이나 연령 등에 따라 다를 수 있다. 참고로 자동차보험은 순수 보장성보험에 해당된다.

보험료와 만기나 해약 시 가입자에게 당초 예정대로 보험금을 지급하기 위해 필요한 저축보험료, 그리고 보험회사가 보험을 유지·관리하는 데 필요한 경비로 충당되는 부가보험료로 구성되어 있다. 가입자에게 모두 다 돌아가는 저축보험료와 위험보험료는 순보험료라 하고 보험회사 운영에 필요한 부가보험료는 사업비라고도 한다. 보험료는 여러 가지 위험에 따른 위험률(손해 발생 확률)을 근본으로 하여 대수의 법칙과 수지 상등의 원칙에 입각해 산출된다.

보험에 가입한 집단이 크면 클수록 전문가들은 위험한 사고에 따른 손실을 대수의 법칙을 적용한 확률 계산에 의하여 사전에 정확하게 예측할 수 있다. 이 수치를 통해 보험회사는 계약자들로부터 거둬들인 보험료를 재투자해 이윤을 내려면 가입자들에게 얼마만큼의 보험료를 요구해야 할지를 결정해 보험 요율을 정하고 상품을 만든다.

이와 같이 보험료는 매우 복잡한 공식을 거쳐 산출되므로 일반 사람

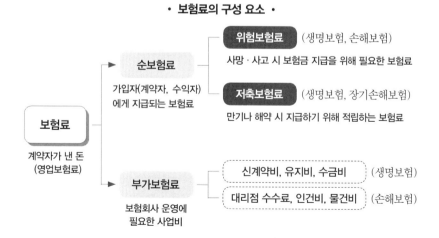

· 보험료의 구성 요소 ·

보험료
계약자가 낸 돈
(영업보험료)

순보험료
가입자(계약자, 수익자)
에게 지급되는 보험료

위험보험료 (생명보험, 손해보험)
사망·사고 시 보험금 지급을 위해 필요한 보험료

저축보험료 (생명보험, 장기손해보험)
만기나 해약 시 지급하기 위해 적립하는 보험료

부가보험료
보험회사 운영에
필요한 사업비

신계약비, 유지비, 수금비 (생명보험)
대리점 수수료, 인건비, 물건비 (손해보험)

들은 단순히 보험료만으로는 상품의 가격을 이해하기 어려우며, 보험 회사 직원 또한 전문적으로 담당하는 이가 아니면 잘 알지 못한다. 따라서 정부에서는 보험계리인 제도를 두어 시험에 합격한 자에 한해서만 계리인 자격증을 부여해 보험 상품을 개발하도록 하고 있다. 이들은 보험회사의 영리와 계약자의 이익 보호 차원을 모두 감안하여 무형의 보험 상품을 만들어야 하므로 그 책임이 막중하다고 할 수 있다.

보험료는
어떻게 책정되나?

　보험료란 보험계약을 체결할 경우 보험회사가 보험계약자에게 부과하는 보험 상품의 가격이다. 한편, 보험 요율은 보험계약을 체결할 때 보험료를 결정하는 기준 보험 금액에 대한 비율을 말한다. 즉, 보험 요율은 보험금에 대한 계약자의 비용 부담을 나타내는 지표로서 개개의 보험 상품에 부과하는 상품의 단가다. 그리고 개별 상품의 단가인 보험 요율을 결정하는 과정을 보험 요율의 산정이라고 한다. 민영보험이 영리를 추구하는 사업이긴 하지만 그와 동시에 공공성을 띠어 사회에 미치는 영향이 크기 때문에 개별 보험 상품의 가격을 결정하는 기초인 보험 요율의 산정은 매우 중요하다.

　보험 요율 산정 방법은 다른 일반적인 상품의 경우와 차이가 많다. 제조업 상품은 상품을 판매하기 전에 미리 제조 원가를 측정할 수 있고 여기에 상품 판매비와 유지·관리비, 이윤 등을 포함하여 상품 가격을 매긴다. 그러나 보험 상품은 보험계약 기간이 지나야 보험 상품의 생산과 관련된 실제 비용을 측정할 수 있으므로 가격을 산정하기가 수월하지 않다. 그래서 보험은 상품 가격, 즉 보험 요율을 산정하는 전문가인 보험계리인의 수리적·통계적 지식과 미래의 경제 환경 변화에 대한 예측력이 절실하게 요구되는 신용 상품이다.

따라서 보험 요율을 산정할 때에는 ① 보험회사가 보험 영업을 통해 적절한 이윤을 획득하여 효율적인 경영을 하고, ② 보험계약자가 보험 상품을 적정한 가격으로 구입할 수 있도록 하며, ③ 부당하게 차별적이거나 과도한 책정으로 보험계약자에게 손해를 끼치는 것을 방지함을 그 목적으로 두어야 한다.

이에 정부에서는 보험료가 보험사업자의 자의로 결정되지 않도록 규제하고 있다. 보험회사에서는 보험 요율을 피보험자를 기준으로 성별, 즉 남자 또는 여자로 구분하여 산출한다. 복잡한 수학 공식을 이용하여 어떤 사고가 언제 얼마나 일어날 가능성이 있고 각종 위험에 따른 손해 발생 확률은 어느 정도인지를 감안하여 계산한다.

보험료는 생명표에 따른 대수의 법칙을 적용한 확률 계산을 기초로 하여 보험계약자가 납입하는 보험료 총액과 보험회사가 지급하는 보험금 총액이 동일하도록 해야 한다. 즉, 보험료에 의해 형성되는 책임준비금이 수입과 지출이 균형을 이루는 수지 상등의 원칙에 입각하여 계산

· **보험료의 계산 원칙** ·

수입		지출
납입 보험료 × 보험계약자 수	=	지급 보험금 총액 × 사망자(사고자) 수

되어야 한다.

보험료 계산 시에는 예정기초율을 근거로 하여 산정하는데, 예정기초율은 예정위험률과 예정이율, 예정사업비율 등 보험료 계산의 기초가 되는 3가지 구성 요소를 말한다.

예정위험률은 보험료 산출 시 피보험자가 어느 정도의 비율로 사망할 것이라고 대수의 법칙에 따라 예측하여 적용한 사망률이다. 예정사망률이 낮아지면 사망보험의 보험료는 낮아지고 생존보험의 보험료는 높아진다. 반대로 예정사망률이 높아지면 사망보험의 보험료는 높아지고 생존보험의 보험료는 낮아진다.

한편, 보험료를 보험기간(계약 기간) 동안 어느 정도의 이율로 운용하여 적립해야 할지를 결정해야 하는데 이 이율을 예정이율이라고 한다. 예정이율은 계약 종료 시까지 유지되어야 하기 때문에 일반적으로 공금리보다 낮은 이율을 채택하며 이때 생기는 이율 차는 각종 배당금으로 보전한다. 보험료는 예정이율이 높으면 할인되는 부분이 커지므로 낮아지고 반대로 예정이율이 낮으면 보험료는 그만큼 높아진다.

예정사업비율은 장래에 보험계약 1건을 체결하여 유지·관리하는 데어느 정도 금액이 소요될 것인가를 예측해서 결정한 사업비율을 말한다. 예정사업비율이 낮아지면 보험료는 싸지고, 반대로 예정사업비율이 높아지면 보험료는 비싸진다.

현재 우리나라에서는 보험료 계산 시 보험회사가 채택하고 있는 예정사업비 중 신계약비의 경우 보험가입금액과 초년도 영업보험료의 일정액에 비례하여 부가하고, 유지비의 경우 보험가입금액과 매년 영업

보험료의 일정액에 비례하여 부가하며, 수금비는 영업보험료에 일정률을 부가하고 있다.

이들 요소 중 예정사망률과 예정이율에 의해 순보험료가 먼저 계산되고 여기에 각종 부대 비용이 감안된 부가보험료가 추가됨으로써 최종적으로 보험계약자에게 부과하는 영업보험료(총보험료)가 산출되는 것이다. 보험료 계산 시에 영향을 미치는 요인들로는 ① 보험 요율, ② 보험회사의 사업비, ③ 다른 대체 위험 관리의 비용, ④ 보험회사의 경영 목표와 영업 방침 및 전략, ⑤ 보험회사 상호 간의 경쟁 등이 있다.

보험가입금액과 보험가액은
어떻게 다른가?

보험가입금액은 보험계약을 체결할 때에 계약 당사자인 보험계약자와 보험회사 간의 합의하에 미리 임의로 약정한 보험증권상에 정해놓은 금액으로서, 보험사고가 발생했을 경우 보험회사가 그 손해를 보상하기 위하여 보험계약상 피보험자에게 실제로 지급하는 보험금의 최고한도 금액을 말한다. 보험가입금액은 생명보험, 상해보험 등의 인보험과 손해보험에서 공통으로 사용하고 있다. 보험가입금액은 전 보험기간을 통하여 보험회사가 보상할 금액의 한도를 의미하는 경우와 한 번의 보험사고에 대하여 보험회사가 보상할 금액의 한도를 의미하는 2가지 경우가 있다.

보험가액은 피보험이익의 경제적 가치를 말한다. 즉, 피보험이익을 금전으로 평가한 액수로서 보험사고가 발생하였을 경우 피보험자가 입을 가능성이 있는 손해에 대하여 보험회사가 손해보상의 책임을 지는 법률상의 최고 한도 금액이다. 보험가액은 손해보험에만 있는 '보험의 목적의 평가액'으로서 담보하는 목적물이 손해를 입었을 경우 발생한 그 손해의 실제 가치를 의미하므로 피보험자가 보험가액 이상의 손해를 입게 될 경우는 있을 수 없다.

그렇다면 여기서 피보험이익(被保險利益)이란 무엇일까? 이는 보험 목적(재물)의 소유자가 그 재물에 대해서 가지고 있는 경제상의 이해관계를 말한다. 손해보험은 손해의 보상을 목적으로 하므로 계약이 성립하기 위해서는 손해를 입을 우려가 있는 이익이 존재할 필요가 있는데, 그런 이익이 피보험이익이다.

다시 말해 보험의 목적물에 보험사고가 발생함으로써 피보험자가 경제상의 손해를 입을 염려가 있을 때 피보험자는 피보험이익을 갖는다고 한다. 보험사고가 발생했을 경우 입게 되는 실제 손해에 대한 가치(이익)가 피보험이익이며, 이 피보험이익을 금전으로 평가한 금액이 보험가액인 것이다. 생명보험계약에는 피보험이익이라는 요소는 없다.

보험계약에서는 피보험자가 보험으로 이익을 취하는 것은 인정하지 않는다는 '이익 금지의 원칙'이 기본이다. 따라서 보험가액은 보험의 목적에 대하여 부보(附保)할 수 있는 보험 금액의 법률상 한도를 표시하므로 보험가액의 평가는 객관적인 기준에 따라야 하며 피보험자의 주관적인 평가는 인정되지 않는다.

보험가액은 시가에 따라야 하는데 보험계약 체결 당시와 보험사고 발생 시의 시가가 서로 다를 수 있다. 그러므로 상법은 보험계약 당사자 간에 보험가액을 미리 협정할 수 있는 것으로 하고 일단 합의가 되면 협정가액을 기준으로 보상금을 결정하게 된다. 이 경우에 보험가입금액이 보험가액을 초과하는 경우(이를 초과보험이라고 한다)에는 보험가액을 한도로 하여 보험금을 지급한다.

손해보험은 손해보상을 목적으로 하는 것이므로 손해액을 초과한 부분은 무효로 한다. 초과보험을 인정할 경우 사고 발생 시 오히려 이익을 얻을 수도 있기에 고의로 사고를 일으킬 염려가 있기 때문이다.

그리고 보험가입금액이 보험가액에 미달될 경우(이를 일부보험이라고 한다)에는 비례보상의 원칙을 적용하여 보험가액에 대한 보험가입금액의 비율로 보상한다. 또한 전액보험 또는 전부보험이라고 하여 보험가입금액과 보험가액이 같을 경우에는 손해액 전액을 보상해준다. 만일 화재 사고로 손해가 발생하였을 경우에는 그 손해가 전체 손해이든 부분 손해이든 간에 손해액 전액을 보상하게 된다.

그런데 실제로는 물가 상승 등으로 인하여 보험가액과 보험가입금액을 일치시키는 것이 어려우므로 보험계약자를 보호하기 위하여 보험가입금액이 보험가액의 일정률 이상(예: 80% 이상)만 된다면 이를 전부보험으로 취급하여 손해액 전액을 보상하는 것이 보통이다. 그리고 보험회사는 보험가입금액이 보험가액에 미달하는 경우, 보험을 보험가액에 일정 비율만큼 부족하게 가입한 형태이므로 지급 보험금도 부족한 정도의 비율로 계산하는데, 이를 비례보상이라 한다.

전부보험이나 초과보험의 경우에는 비례보상을 한다 하더라도 손해액 전액이 보상되므로 실손보상과 차이가 없다. 따라서 비례보상 방식은 일부 보험의 경우에만 적용되고 손해액의 일부만 보상되므로 나머지는 피보험자 자신이 부담해야 한다.

$$\text{보험 금액 손해보상액} = \text{손해액} \times \text{보험가입금액} / \text{보험가액}$$

우리가 일반적으로 얘기하는 보험금(액)이란 생명보험과 같은 정액보험에서는 보험회사가 보험사고가 발생했을 경우 미리 지급하기로 약정한 금액이다. 그리고 손해보험에서는 보험회사가 보험계약자와 합의하여 정한 손해보상 책임의 최고 한도액을 말한다. 따라서 보험에 가입했을 경우 생명보험은 약정된 금액이 제대로 지급되지만, 손해보험은 사고 발생 시 손해액의 크기에 따라 보험금 규모가 달라지는 것이다.

이처럼 보험금 액수를 미리 정하는 이유는 계약 체결 시에 보험회사의 보험금 급부(給付) 의무의 한도가 미정인 상태로는 보험료의 산출이 불가능하기 때문이다. 보험금의 급부 한도는 보험가액에 의해서 설정되지만, 보험가액은 때와 장소에 따라 변동되고 그 평가도 상당히 곤란하다. 따라서 실제로는 보험가액의 평가를 생략하여 보험금(액)만을 정하고, 이것을 보험료 산출의 기초로 삼아 보험회사가 지급하는 보상 금액의 최고 한도로 정하는 경우가 많다.

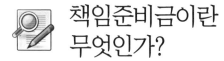

책임준비금이란 무엇인가?

보험료를 산출하는 방법에는 자연보험료 방식과 평준보험료 방식이 있다.

자연보험료 방식은 보험기간을 1년으로 정하여 매년 보험계약을 갱신할 것을 조건으로 사망률에 비례하여 보험료가 체증되는 방식이다. 생명표에 나타난 사망률에 따라 해마다 보험료를 정하므로 매년 납입되는 보험료의 총액과 그해에 지급해야 할 보험금이 일치되도록 계산한다. 그런데 사망률은 해마다 증가하므로 보험계약자가 납입해야 할 보험료 또한 매년 증가하게 되어, 피보험자가 나이가 들면 들수록 보험료 납입 자체가 불가능할 정도로 보험료 부담이 커진다는 단점이 있다.

이러한 단점을 보완하기 위한 것이 평준보험료 방식이다. 이는 보험료의 납입기간 동안 보험료 납입액이 똑같도록 평준화한 것이다. 이러한 까닭에 보험을 가입한 초년도에는 보험료 납입 금액이 보험사고가 발생하여 지급되는 보험금보다 많아 초과보험료가 발생한다.

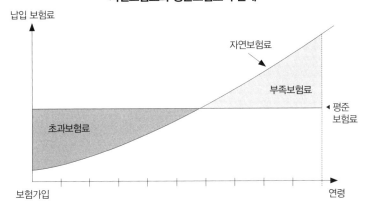

· 자연보험료와 평준보험료의 관계 ·

납입 보험료

자연보험료

부족보험료

평준
보험료

초과보험료

보험가입   연령

그러나 보험계약 기간이 지남에 따라 그러한 초과분은 점점 발생하지 않고 계약이 만기되는 시점에는 오히려 보험회사가 지급할 보험금이 총보험료 금액보다도 많게 되는 미달 사태(부족보험료)가 발생한다.

따라서 계약 초기의 초과보험료는 나중에 보험금 지급 시 부족해질 부분을 충당해야 하므로 반드시 보험금을 지급할 때까지 일정한 기준에 따라 적립해야만 하는데 이 금액을 책임준비금(責任準備金, liability reserve)이라고 한다. 즉, 책임준비금은 보험약관에서 정한 제지급조건을 이행하기 위해 장래에 있을 사망 또는 만기보험금 등의 지급을 위하여 순보험료를 예정이율로 증식해 적립한 금액이다.

책임준비금은 장래에 지출될 보험금의 현재 가치에서 장래에 거두어들일 보험료의 현재 가치를 뺀 금액으로서 보험회사 자산의 대부분을 차지하므로 보험회사의 부채라고 할 수 있다. 만약 보험회사가 책임준비금에 대한 적립을 제대로 하지 못하면 보험금 지급에 상당한 위협을 받게 되는 등 보험사업 자체에 심각한 문제가 대두될 수 있으므로 정부에서는 평준보험료의 계산 방법 및 책임준비금의 적립 기준과 운영 방법을 보험업법에 규정하여 철저하게 관리하고 있다.

책임준비금의 계산 방법에는 순보험료식과 질멜식이 있다. 순보험료식은 사업비에 관한 것은 전혀 고려하지 않고 책임준비금을 부가보험료를 제외한 순보험료만으로 계산하는 평준보험료식 방법이다. 이러한 순보험료식은 보험 경영상 안전한 계산 방법으로서 초년도에 많이 발생하는 사업 경비의 낭비를 막고 장래 보험 경영의 기반을 굳건히 하는 장점이 있다.

그러나 신계약이 많을 경우 계약 연도의 부가보험료만으로는 초년도의 사업비를 조달할 수 없다는 단점도 있다. 실제로 보험사업은 계약

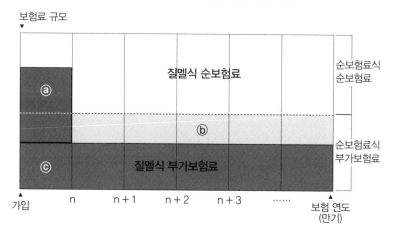

• 질멜식과 순보험료식의 책임준비금 적립 방법 •

ⓐ 질멜식에서 초년도에 초과 사용된 신계약비
ⓑ 질멜식에서 차년도 이후의 신계약비를 메우는 데 사용할 신계약비
ⓒ 질멜식에서 보험기간 동안 사용할 유지비 및 수금비

초기에 내근 직원 및 보험설계사의 급여, 교육 훈련 경비, 건물 임대료 등으로 사업비가 많이 필요하다.

질멜식(Zillmer式)은 신계약비가 계약 연도의 부가보험료만으로 조달될 수 없는 평준보험료식의 단점을 보완하여 초년도의 부가보험료가 차년도 이후의 부가보험료보다 많이 지출될 수 있도록 순보험료와 부가보험료의 관계를 수정하여 적립하는 방법이다.

이 방법은 초년도에 상대적으로 많이 발생하는 사업비에 대해 부가보험료를 지출하기 위하여 초년도 보험료 중에서 순보험료를 충당한다. 그리고 차년도 이후에는 부가보험료의 여유분으로 초년도에 부가보험료로 사용한 순보험료에 상당하는 금액을 일정 기간 상각해나가는 방법이다.

이렇게 하여 상각 기간이 경과한 적립 금액은 평준보험료 방식과 일치하게 된다. 책임준비금은 그 내용에 따라 보험료적립금, 미경과보험료, 지급비금, 배당준비금 등으로 구분되는데, 이 중 보험료적립금 및 미경과보험료가 책임준비금의 주축을 이루고 있다.

· 책임준비금 구성 방법 ·

보험료적립금	매 결산기 말에 현재 보험금 및 제지급금 등의 지급 사유가 발생하지 않은 계약에 대해 이의 지급을 예상하여 보험 종목별, 보험계약 기간의 경과별로 순보험료를 예정이율로 적립하는 금액
미경과보험료	수입보험료 중 아직 보험회사에 남아 있는 기간에 대한 보험료로 결산 시점 현재 책임이 경과되지 않은 보험료를 산출하여 적립하는 금액
지급비금	매 결산기 말 현재 보험금 등의 지급 사유가 발생한 계약에 대해 보험금, 환급금, 계약자배당금 등에 관한 소송이 계속 중이거나 지급이 확정된 금액, 보험금 지급액이 확정되지 않아 아직 지급하지 않은 금액
배당준비금	보험회사가 보험계약자에게 배당하기 위해 적립한 금액으로서 특별배당금, 사차배당금, 이차배당금, 이익배당금 등으로 구분됨

3장
보험의 종류 및
보험 상품의 형태별 특성

"이 세상에 죽음만큼 확실한 것은 없다. 그런데 사람들은 겨우살이는 준비하면서도 죽음은 준비하지 않는다." – **톨스토이**

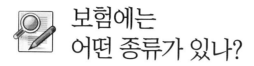

보험에는
어떤 종류가 있나?

보험은 운영 주체에 따라서 크게 공영보험인 사회보험과 영리를 목적으로 하는 민영보험으로 구분된다.

사회보험은 국가에서 국민의 최저 생활을 보장해주는 일종의 사회보장제도로 사회보장적 성격과 정부의 필요에 의하여 운영하는 사회정책적 성격이 있다. 사회보장적 성격으로는 국민건강보험, 연금보험, 고용보험, 산재보험 등이 있고 사회정책적 성격으로는 수출보험과 풍수해보험 및 농작물보험 등이 있다.

민영보험은 민간단체가 주로 영리를 목적으로 개개인의 만족할 수 있는 생활을 보장해주는 보험 제도로 크게 개인보험과 단체보험이 있다.

개인보험에는 생명보험과 손해보험, 그리고 유사보험으로서 공제제도가 있다. 또 개인보험에는 예외적으로 정부에서 운영하는 공영보험인 체신보험(우체국보험)도 있다. 우체국보험에서는 생명보험사의 보험에 해당하는 건강보험, 개인연금보험 등을 취급한다. 그리고 생명보험과 손해보험의 중간 영역인 건강보험 등 제3분야의 보험이 있다. 질병보험, 상해보험, 간병보험(개호보험)이 이에 해당하며 개괄적으로 건강보험이라고도 한다. 제3분야의 보험은 생명보험사와 손해보험사 모두 취

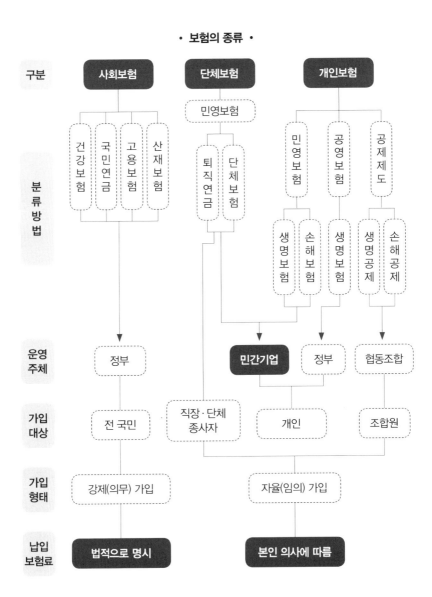

• 보험의 종류 •

급하고 있다.

단체보험은 민간기업에서 단체의 구성원을 대상으로 운영하는 보험이다. 즉, 사회보험은 전 국민을 대상으로 정부에서 운영하므로 누구나 의무적으로 가입해야 하는 강제보험이고, 개인보험과 단체보험은 개인과 기업의 능력에 따라 취사선택이 가능한 임의보험이다.

단체보험은 위험 발생 시 기업의 능력으로는 감당하기 어려운 비용 지출을 충당해주는 보험으로, 해당 기업체 집단에 소속된 근로자는 일반적으로 노사 간의 결정에 따라 모두 이에 가입한다. 그러므로 일반 사람들이 자유롭게 선택하여 가입할 수 있는 보험은 개인보험뿐이다.

개인보험은 보장 대상에 따라 크게 인간의 생사에 대한 위험을 보장(保障)해주는 보험인 인보험(생명보험, 상해보험)과 재물(財物)에 대한 경제적인 손해를 보상(補償)해주는 보험인 손해보험으로 구분된다.

인보험(보장보험)은 저축성보험, 보장성보험, 연금보험 등으로 생명보험과 손해보험, 공제제도 등 모든 보험회사에서 취급하고 있으며, 재물의 손해에 대해 보상하는 보험(보상보험)은 자동차보험, 화재보험, 선박보험, 특종보험, 보증보험 등으로 손해보험사에서 취급하고 있다.

제3분야의 보험은 사람이 질병에 걸리거나 재해로 인해 상해를 당했을 때 또는 질병이나 상해가 원인이 되어 간병이 필요한 상태를 보장하는 보험으로 생존 급부 보장을 필요로 하는 보험 소비자의 요구에 부응하기 위해 개발되어 시판되고 있다. 제3분야 보험에는 질병보험, 상해

보험, 간병보험(개호보험) 등 3가지 유형이 있으며, 일반적으로 건강보험이라 부르는 보험은 모두 제3분야 보험이다.

제3분야 보험은 손해보험과 생명보험의 성격을 다 갖추고 있어 어느 한 분야로 분류하기가 곤란하다. 따라서 생명보험사와 손해보험사 모두 취급하는 보험 종목이다.

손해보험은 크게 재산보험과 배상책임보험으로 분류된다. 재산보험에는 화재보험, 해상보험, 운송보험 등이 있고, 배상책임보험에는 자동차배상책임보험, 근로자배상책임보험, 기업배상책임보험, 개인배상책임보험, 전문직배상책임보험, 보증보험 등이 있다.

민영 생명보험과 유사보험이면서도 별도로 정보통신부에서는 소액보험 위주로 공영보험인 체신보험(우체국보험)을 취급하고 있으며 농협·수협·축협, 신용협동조합 또는 교원 단체·건설업 단체 등에서는 농어민이나 교원, 건설업 종사자와 같이 특정 직업 종사자를 대상으로 생명공제와 손해공제 등의 보험 상품을 판매하고 있다.

구분			종류	상품 특성
사회보험			국민건강보험	질병이나 부상으로 발생한 고액의 진료비로 가계에 과도한 부담이 되는 것을 방지하기 위한 보험. 국민들이 평소 보험료를 내어 기금을 마련하고, 보험자인 국민건강보험공단이 이를 관리·운영하다가 국민에게 보험사고가 발생했을 때 보험 급여를 제공하여 의료 서비스를 받을 수 있도록 법률로 정한 사회보장보험이다.
			연금보험	일반 국민 또는 특수 직역을 대상으로 노령, 장해, 사망 시 연금을 지급해주는 보험. 공적연금보험이라고 하며 국민연금, 공무원연금, 군인연금, 사립학교교원연금이 있다.
			산업재해보상보험	근로자가 업무상의 사유로 부상·질병·신체상의 장해 또는 사망을 당했을 경우 보상해주는 보험이다.
			고용보험	근로자가 실직했을 때 실업급여를 지급해주는 보험으로 생활 안정과 구직 활동을 촉진한다.
단체보험				직장 또는 단체에 소속된 종업원이 부상, 질병, 사망, 퇴직 시에 지급해주는 보험. 기업연금(퇴직보험), 단체정기보험, 직장인단체보장보험 등이 있다.
개인보험	민영보험	생명보험	생존보험	보험가입 후 만기 시까지 생존했을 경우 보험금을 지급하는 보험. 그러나 현재는 사망 시의 급부를 가미하여 판매하고 있다. 개인연금보험과 교육보험이 이에 해당한다.
			사망보험	보험기간 중 피보험자가 사망했을 경우에 보험금을 지급하는 보험. 보장성보험, 건강보험(상해보험, 질병보험, 개호보험)이 이에 해당한다. 건강보험을 제3분야 보험이라고도 한다.
			양로보험	보험기간 중 사망 시에는 사망보험금을 지급하고 만기까지 생존 시에는 생존보험금을 지급하는 보험. 저축성보험과 중도 급부 및 만기 환급형 보험이 모두 해당한다.
		손해보험	화재보험	화재로 인하여 발생한 손실을 보상하는 보험. 동산보험과 부동산보험이 있다.
			해상보험	해상에서 위험이 발생했을 때 그 손실을 보상해주는 보험. 선박보험과 적하보험, 운임보험, 배상책임보험 등이 있다.

구분		종류		상품 특성
개 인 보 험	민 영 보 험	손 해 보 험	자동차보험	자동차의 소유 · 사용 · 관리에 기인한 사고 발생 시 손해를 보상해주는 보험. 책임보험과 대인 사고, 대물 사고, 자손 사고, 자차 사고, 무보험 상해 등을 담보로 하는 기존종합보험과 플러스종합보험, 고급형종합보험이 있다.
			특종보험	상기 손해보험 상품 이외의 기타 보험을 총칭하는 것으로 동산종합보험, 상해보험 등 다수가 있다.
			보증보험	보증을 해야 할 일이 발생했을 때 그 보증을 보험회사에서 대신해주는 보험. 공동보증, 연대보증, 단독보증, 보통보증이 있다.
			장기보험	생명보험과 같은 원리로 개발된 보험으로 보험기간 1년 이내의 상품은 일반손해보험, 1년 이상의 상품은 장기손해보험이라고 한다.
		제 3 분 야 보 험	질병보험	각종 암과 과로사와 관련된 특정 질병, 뇌혈관 질환, 심장질환, 당뇨병, 여성 만성질환, 부인과 질환 등의 발생 또는 이의 치료를 위한 입원, 수술, 통원 치료 등에 소요되는 의료 자금을 선택적으로 보장하는 보험 상품이다.
			상해보험	피보험자가 보험기간 중 결과를 예측할 수 없는 급격하고도 우연한 외부적인 외래의 사고로 신체상의 상해를 입고 그 결과로 인하여 사망하거나 또는 불구, 후유 장해로 의사의 치료를 받아야 할 경우 수술비, 입원비, 사망보험금, 후유장해보험금 등의 약정 금액과 의사의 치료비 및 보험가입자의 생활 보호금 등을 지급하는 보험
			간병보험 (개호보험)	피보험자가 개호 상태 또는 의식불명의 상태(식물인간 상태) 등 활동 불능의 상태에 도달하여 다른 사람의 간병을 필요로 하는 경우 간병비를 보장하여 지급해주는 보험. 장기간병보험, 개호보험이라고도 한다.
	공영 보험	우체국보험 (체신보험)		상품 구조가 민영보험과 유사하며 건강진단을 받지 않는 소액 보험. 우체국에서 취급하며 민영보험보다 가입이 간편하고 보험료가 저렴하다.
	공제 제도	생명공제		특정 단체에 소속된 조합원들을 대상으로 운영되는 보험 형태. 현재 농협 · 수협 · 축협에서 판매하는 생명공제, 손해공제와 기타 공제조합에서 판매하는 새마을공제, 신협공제, 대한교원공제, 건설공제, 해운공제, 자동차공제 등이 있다.
		손해공제		

사회보험은 민영보험과 어떻게 다른가?

사회보험과 민영보험은 보험이라는 점에서는 같으나 운영 목적이나 방법, 주체 등에서는 서로 다른 점이 많다. 사회보험은 국가나 지방공공단체가 국민의 최저 생활 보장을 목적으로 운영하는 사회보장보험이고, 민영보험은 민간단체가 영리를 목적으로 운영하는 개인 생활 보장 보험이다.

즉, 사회보험은 국민들을 노령, 질병, 상해, 고도의 장해 및 실업, 분만 등으로 인한 경제적 불안으로부터 보호하기 위하여 국가가 법으로 보험가입을 의무화하여 부과보험료나 보상 내용 등을 규정해 실시하는 사회보장제도다. 한편, 민영보험은 일반 사람(개인)들이 질병, 사고, 사망, 재난, 노령, 실업 등으로 인한 경제적 불안으로부터 만족할 만한 생활을 보장받기 위하여 개인이나 기업에서 실시하는 가계 보장 제도다.

이처럼 사회보험과 민영보험 모두 위험 발생에 대비하여 경제적 손실을 보전하기 위한 수단이라는 점은 동일하다. 그러나 사회보험은 국

• 사회보험과 민영보험의 차이점 •

구분	사회보험	민영보험
보험가입	강제 가입	임의 가입
보장 규모	사회적 최소 소득 보장(최저 생활 보장)	가입자의 의사에 따라 보험 금액 자율 결정
보험 성격	사회정의 실현, 사회적 형평성(복지 개념)	개인별 공평성 및 적정성, 보험 수리 원칙에 입각(보험 개념)
보험료 규모	법에 의해 일률적으로 명시	개인의 의사에 따라 다름
보험계약 방법	보험계약이 없고 법률에 의해 일방적으로 규정	계약 당사자 간의 합의에 의해 계약으로 결정
보험금과 보험료의 관계	소득재분배 원칙 적용(고소득자보다 보험 수요가 많은 저소득층에 유리)	비례 원칙 적용(개인이 납입한 보험료 규모에 따라 보험금 차등 지급)
위험률 산정	손해의 예측이 어려움, 언더라이팅을 하지 않음, 대수의 법칙 적용 곤란	손해의 예측이 비교적 쉬움, 개인 또는 그룹별로 언더라이팅, 대수의 법칙 적용
운영 방법	정부가 독점	여러 민영 회사들이 자유경쟁
운영 목적	최저 생활 보장	영리 추구
운영비 사용	사전 비용의 정확한 예측 불가능, 목적 및 결과에 대해 이해 당사자 간 의견 차이 대두	사전 비용의 정확한 예측 가능, 수지 상등의 원칙 적용, 목적 및 결과에 대해 이해 당사자 간 의견 일치
적립 기금 운영	정부가 적립 기금 투자의 우선순위를 결정	민간 기업이 적립 기금 투자의 우선순위를 결정
적립 기금 규모	향후 지급 금액의 현재 가치보다 적을 수 있음	향후 지급 금액을 예상하여 충분히 적립
인플레이션 대응	국가의 조세권으로 인플레이션 극복 가능	인플레이션 대책이 취약

민의 최저 생활 보장을 주목적으로 하는 것으로서 사회보장제도의 일환인 만큼 보험가입이 강제적이고 보험 혜택 방법이 법으로 정해져 있다. 더 구체적으로 살펴보면, 국민 전체의 복지 향상을 목적으로 한 사회보험과 개개인의 생활 향상을 목적으로 한 민영보험에는 앞에 제시한 것과 같은 차이가 있다.

생명보험과 손해보험은
어떻게 다른가?

생명보험과 손해보험 모두 보험료 산출 시 수리적 기초를 원리로 하여 과학적·합리적으로 상품을 개발하며 경제적 손실을 보전하기 위해 만들어진 상부상조의 제도다. 그리고 둘 다 무형의 추상적인 상품이고 불확실한 미래에 대한 보장 수단이며 보험이라는 특성상 자발적 가입보다는 주위의 권유가 필요한 상품이다. 또 공영보험과 달리 영리를 추구하는 민영보험이라는 점도 같다.

생명보험과 손해보험이 서로 다른 점은 '보장의 목적이 되는 대상물이 무엇인가' 하는 것이다.

생명보험은 사람의 생사를 보험 대상으로 하는 데 비해 손해보험은 주로 주택, 공장, 선박, 항공기, 기계, 자동차, 화물, 가재도구 등의 재물 및 보증, 신용 등과 같이 눈에 보이지 않는 위험도 보험 대상으로 한다.

보험의 목적 또한 차이가 있다. 생명보험은 생명을 위협하는 각종 사고의 발생으로 입게 되는 경제적인 손실을 보장해주고, 손해보험은 사람이나 기업 등 개별경제 주체가 입게 되는 다양한 손해를 보상해준다. 즉, 생명보험은 사람의 사고 시 위험에 대한 보장 급부를 위주로 상품이 구성되며 손해보험은 사람과 재물의 손해에 대한 사고 시 보상 급부를 위주로 상품이 구성된다. 생명보험과 손해보험의 차이점을 상세히 알아보면 다음과 같다.

첫째, 보험가입 대상이 다르다.

생명보험은 인보험 상품으로서 사람의 생존과 사망 등에서 오는 경제적 손실을 보전하는 것을 목적으로 하므로 가입 대상이 사람이다. 손해보험은 물(物)보험 상품으로서 재산상의 손해를 보상하는 것을 주목적으로 하므로 가입 대상이 재물이다.

둘째, 보험금 지급 방식이 다르다.

생명보험사가 취급하는 보험 상품은 보험사고 발생 시 지급되는 금액이 실제 발생할 손해액과는 관계없이 보험계약 체결 당시에 미리 약정된 정액보험(定額保險, valued contract)이다. 따라서 사고 시 지급될 보험금 규모를 정확히 예측할 수 있다.

이에 반하여 손해보험사는 보험가입금액을 한도로 실제 입은 손해액 이내에서 보상하는 실손보상보험(實損補償保險, contract of indemnity)을 주로 취급한다. 화재, 교통사고, 재난, 폭발, 유실 등 사고 발생 시 보험 금액의 범위 내에서 현실적으로 손해를 입은 금액을 보상해주는 것이다. 따라서 사고 시 지급될 보험금 규모를 정확히 예측하기가 불가능하다.

그러나 손해보험은 사회가 다원화되고 손실 위험이 증가할수록 생명보험에 비해 다양한 상품을 개발하여 그 영역을 넓힐 수 있다. 실제로 배상책임보험이나 스포츠보험, 상금보험 등 다양한 컨틴전시(contingency) 보험들이 판매되고 있어 보험의 이미지 제고와 대중화에 많은 기여를 하고 있다.

생명보험은 보험금 지급 사유가 발생했을 경우 가입자가 어느 생명보험사에 몇 건을 가입했든 상관없이 보험회사에서 지급해주기로 약속한 보험금을 모두 지급한다. 예를 들어 누군가가 보험금 3억 원짜리 보험을 A, B, C, D, E의 5개사에 1건씩 모두 5건을 가입한 후 재해사망을 당했다면 15억 원을 지급받는 것이다.

이에 비해 손해보험은 가입자에게 손해가 발생했을 경우 그 손해의 크기를 측정하여 보험회사에서 지급하는 보험금(보험가입금액)을 합한 총금액이 실제 입은 손해액(보험가액)을 넘지 않도록 하고 있다. 설령 넘는다고 하더라도 비례보상의 원칙을 적용한다.

예를 들어 상가에 화재가 나서 6억 원의 손실이 발생한 경우, 5개사에 가입해둔 보험금의 총액이 15억 원이라 하더라도 15억 원을 모두 지급하는 것이 아니라 실제의 손실보상액인 6억 원을 여러 보험사가 공동 분담하여 지급해준다. 단, 모든 보험회사에 동시에 가입했을 경우에만 가입 비율에 따라 공동 분담하며 가입 시기가 다를 경우에는 먼저 가입한 보험회사에서 실손보상을 하고 그다음은 순차적으로 보상해준다.

셋째, 보험금 수혜 대상이 다르다.

생명보험, 상해보험 등의 인보험은 사고 발생 시 보험금을 지정된 보험수익자가 받는다. 생명보험에서 피보험자는 보험계약의 대상인 사람, 즉 보험 목적의 대상으로서 그 사람의 생사에 따라 보험금 지급이 결정되는 사람이다.

그러나 손해보험에서는 사고 발생 시에 손해보상을 받는 자가 피보험자다. 즉, 손해보험에서 피보험자는 생명보험의 피보험자와 다르다. 손해보험에서 피보험자는 보험사고가 발생했을 때 손해를 입게 될 염려가 있는 이익에 대한 보상 주체자다.

우리가 흔히 생명보험과 손해보험을 구분하는 방식은 정확성이 결여된 관습적인 분류다. 왜냐하면 상해보험과 의료보험 및 개호보험처럼 양자에 모두 포함되거나 또는 모두 포함되지 않는 분류가 가능하기 때문이다. 그러므로 이는 손해보험과 정액보험, 또는 인보험과 재물보험으로 구분해야 한다.

인보험이면서도 손해보험사에서만 취급했던 상해보험을 몇 년 전부터는 생명보험사에서도 보장성보험 상품으로 취급하고 있다. 또한 상해보험과 같이 우리의 일상생활과 매우 밀접한 보험으로, 제3분야 보험으로 분류하고 있는 건강보험 상품인 질병보험과 개호보험은 생명보험사와 손해보험사 모두에서 판매하고 있다. 다만 손해보험 상품은 종신형은 없다.

이뿐만 아니라 생명보험사의 대표적 상품인 저축성보험 상품과 연금보험 상품도 지금은 손해보험사에서 장기손해보험으로 분류하여 판매하고 있다. 이 중 개인연금보험은 중도 해지에 따른 불이익 없이 해약하지 않고 보험계약자 마음대로 위험 보장의 폭과 연금의 수익률이 높은 금융기관으로 자유롭게 이전할 수 있다.

이와 같이 보험회사의 영역 구분은 점점 옅어지고 있다. 또 방카슈랑스(bancassurance), 홈슈랑스(homesurance), 마트슈랑스(martsurance), 사이버 보험 거래인 포털 사이트를 활용한 포타슈랑스(potasurance), 스마트폰을 활용한 모바일슈랑스(mobilesurance)의 등장 등 금융 상품의 다각적인 겸업화 추세에 따라 보험 상품을 둘러싼 생보사·손보사 및 관련 금융기관 간의 상품 판매 경쟁은 더욱 치열해질 것이다.

· 생명보험과 손해보험의 비교 ·

공통점	기본 정신	윤리성을 바탕으로 한 상부상조의 정신
	가입 목적	경제적 손실 보전
	상품 개발	대수의 법칙, 수지 상등의 원칙, 생명표, 손해율표 등 보험 수리를 기초로 위험률을 산출하여 과학적·합리적으로 개발
	보장 대상	불확실한 미래의 위험에 따른 손해
	상품 특징	무형의 추상적 상품, 비자발적 상품, 효용의 비동시성 등
	공동 상품	제3분야 보험(질병보험, 상해보험, 개호보험), 개인연금 보험
차이점	가입 대상	생명보험: 사람 손해보험: 재물, 사람(상해보험)
	보험 형태	생명보험: 보장(保障) 손해보험: 보상(補償)
	상품 구성	생명보험: 일반사망(질병) 시 보장 위주로 구성 손해보험: 사람과 재물에 대한 손해(재해) 보상 위주로 구성

차이점		상품 종류	생명보험: 저축성보험, 보장성보험, 중장기 양로보험, 교육보험, 연금보험 등 손해보험: 화재보험, 해상보험, 자동차보험, 특종보험, 장기손해보험, 재보험, 보증보험 등
		위험 발생	생명보험: 아무 탈 없이 멀쩡한 사람이 어느 날 갑자기 불의의 사고를 당함 손해보험: 아무 탈 없이 멀쩡한 사람이나 아무 탈 없는 재물이 어느 날 갑자기 위험한 사고를 당함
		피보험자	생명보험: 보험사고 발생의 객체(대상)가 되는 사람 손해보험: 보험사고 발생 시 손해를 입게 되어 보험회사에 보험금 지급을 청구할 권한이 있는 사람
	보험금 지급	방식	생명보험: 약정된 보험금 전액 지급(정액보험) 손해보험: 실제 입은 손해액 보상 지급(실손보상보험)
		대상	생명보험: 보험수익자 손해보험: 피보험자
		조직 성격	생명보험: 조합이나 상호회사 성격의 주식회사 손해보험: 주식회사
		주요 취급 상품	생명보험: 장기의 저축성 및 보장성 상품 손해보험: 단기의 배상책임보험 상품

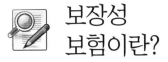

보장성
보험이란?

보장성보험(保障性保險, coverage insurance)은 각종 위험을 중점적으로 보장해주는 보험 본래의 고유한 기능을 충실히 살린 보험이다. 즉, '보험은 저축이 아니고 위험 보장 서비스를 받기 위한 지출'이라는 근본 원리에 충실한 보험으로서 우리가 일반적으로 말하는 보험이 바로 이 보장성보험이다. 따라서 저축 기능은 없고 위험 보장 기능이 매우 강하므로 다른 종류의 보험 상품에 비해 보험료가 낮다.

또한 가입 기간이 짧은 상품은 거의 없고 대부분 5년 이상의 장기 상품이다. 이러한 특성 때문에 정부에서는 이 상품에 한해서만 가입 시 만기환급금이 납입 보험료를 초과하지 않는 보험계약에 대하여 당해 연도의 납입 보험료 중 연간 100만 원 한도 내에서 13.2%에 해당하는 금액에 세액공제 혜택을 주고 있다.

세액공제 대상에는 보장성보험뿐만 아니라 상해보험, 자동차보험, 중장기양로보험, 장기손해보험 등도 포함된다. 계약자나 보험수익자가 장애인인 전용 보장성보험의 경우에는 더 유리한 세제 혜택을 적용하는데, 연간 100만 원 한도 내에서 납입 보험료의 16.5%를 세액공제해준다. 국민건강보험이나 고용보험 등 사회보험은 납입 보험료 규모에 관계없이 전액을 자동적으로 소득공제해준다.

참고로 소득공제란 소득액에 대한 세금을 매기기 전에 일정액을 제해주는 것을 말하며, 세액공제는 과세표준 금액에 따라 산출된 세액에서 일정 금액을 공제해주는 것을 말한다.

만기 환급형 상품과
순수 보장형 상품의 차이점은?

앞서 설명한 보장성보험은 만기 시 또는 유지 기간 중 해약할 때에 한 푼도 받지 못하는 순수 보장성보험과 사람들의 높은 원금 의식에 부응하여 만기 시 가입자의 납입 보험료를 전액 돌려주는 만기 환급형 보험이 있다. 일반적으로 보장성보험에 가입할 경우 순수 보장성보다는 만기 환급형 보험을 선호하는데, 진정한 위험 보장을 원하고 보험료 지출을 줄이고 싶다면 순수 보장성보험을 가입하는 것이 바람직하다.

순수 보장성보험은 만기 환급형 보험과 똑같은 보장을 받을 경우에도 보험료가 그 절반 정도밖에 되지 않는다. 이러한 순수 보장성보험은 가입 기간, 즉 보장 기간에 따라 보험가입 후부터 10년, 20년 등 일정 기간 동안만 보장해주는 정기보험과 보험가입 후부터 피보험자가 사망할 때까지 평생 보장해주는 종신보험 등 2가지 종류가 있다.

순수 보장성보험에 가입할 때에는 평생 보장을 받는 종신보험에 가입하는 것이 좋다. 단, 종신보험은 정기보험과 달리 가입자가 반드시 사망해야 보험금이 지급되고 보험계약이 종료되므로 중도 해약 시에는 해약환급금이 발생한다.

보장성보험은 바쁜 일상생활 속에서 자신과 가족에 대한 심리적인 부담감에서 벗어나 마음의 안정을 찾고 유사시 가정을 경제적으로 현상 유지할 수 있도록 반드시 가입해두는 것이 좋다. 또한 일단 가입하고 나면 다른 보장성보험을 가입하지 않는 한 해약하지 말아야 한다.

현재 판매되고 있는 보장성보험은 다양한 맞춤 설계 형식으로 특화된 상품들이 많은데 주로 사고, 재해, 재난 등 개인 및 가족의 위험 보장 관련 상품과 암에 대한 진단, 입원, 수술, 통원, 요양 등을 종합적으로 보장해주는 암보험 상품 및 성인병 관련 상품 등 질병보험 상품들이 있다.

상해보험, 질병보험, 개호보험 등 제3분야의 건강보험 상품은 보장성보험으로만 개발해 판매하도록 하고 있다. 사회가 발전할수록, 또 생활수준이 향상될수록 보장성보험은 일반 사람들에게 더욱더 필요한 존재로 부각될 것이다.

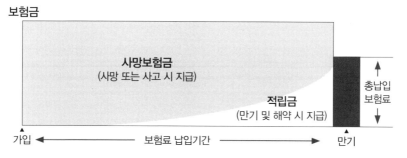

• 만기 환급형 보험의 상품 구조 •

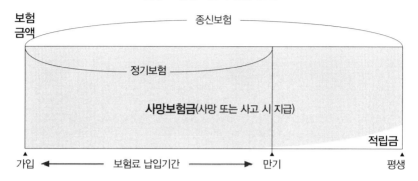

• 순수 보장성보험의 상품 구조 •

※ 적립금은 종신보험만 해당되며 해약 시 지급됨

154

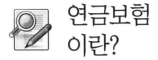

연금보험
이란?

연금보험(年金保險, annuity insurance)은 기력이 쇠진하여 경제적으로 생활 능력이 없는 노후에 대비해 인생의 황혼기를 안락하게 보낼 수 있도록 젊었을 때 미리 노후 생활 자금을 준비하는 데 적합하도록 개발된 보험 상품이다. 보험 본래의 위험 보장 기능과 더불어 저축성보험의 재산 증식 기능, 노후 설계 기능을 추가해서 만든 상품이다.

이러한 연금보험은 과거 대가족 사회이자 농경 사회로 평균수명이 50세도 채 안 되던 1950년대 이전에는 설령 보험 환경이 성숙되었다 해도 판매될 수 없었다. 그러나 이제는 의학의 발달과 생활수준의 향상으로 평균수명이 매년 0.3세 이상 증가하고 있어 기대 수명이 100세를 바라보는 장수 시대로 접어든 상황이다.

실제로 우리나라의 고령화 속도는 세계적으로 유례없이 빠르게 전개되고 있다. 세계에서 평균수명이 가장 긴 일본이 고령화사회에서 고령사회로 넘어가는 데 24년이 걸렸으나 우리나라는 17년밖에 걸리지 않았다. 통계청이 발표한 2017년 인구주택총조사에 따르면 2017년에 65세 이상 인구가 사상 처음으로 우리나라 전체 인구의 14%를 넘어 공식적으로 고령사회에 진입했다(유엔(UN)은 65세 이상 인구 비중이 7~14%이면 고령화사회, 14% 이상이면 고령사회, 20% 이상이면 초고령사회로 구분하고 있다). 더구나 산업화·정보화 사회로 접어들면서 핵가족화 현상이 심화됨에 따라 부모를 봉양해야 한다는 의식도 점점 희박해지는 것이 현실이다.

이러한 사회문화적 변화 속에서 연금보험은 노후 생활 자금을 미리 준비하도록 개발된 보험 상품이다. 경제적 능력이 있는 젊은 시절에 소득의 일정 부분을 저축해놓았다가 경제생활 능력이 없는 노후에 연금을 수령해 소득을 유지함으로써 안락한 생활을 보호해주는 노후 생활 안심 보험이다.

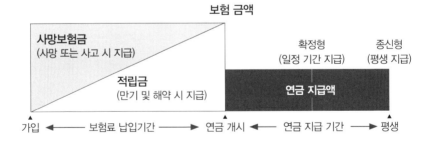

· 연금보험의 상품 구조 ·

우리나라의 연금 형태는 크게 국가에서 운영하는 사회보장보험인 국민연금보험과 군인연금, 공무원연금, 사립학교교원연금 등의 공적연금, 기업보험인 기업연금보험, 보험회사 및 우체국에서 취급하는 개인연금

156

보험 및 농·수협 단위조합과 중앙회, 신용협동조합중앙회 등에서 운영하는 개인연금공제 등으로 구분된다.

개인연금보험은 공적연금과 기업연금으로 충족할 수 없는 부분을 보완하기 위하여 개발된 상품이다. 연금보험은 만 20세 이상은 누구나 가입할 수 있는데 가능한 한 젊었을 때 가입하는 것이 좋다. 나이가 많을 때 가입하면 보험료가 높고 세제 혜택도 덜 받게 되기 때문이다.

연금보험은 가입 후 연금을 수령받기 전까지는 보험료를 내면서 피보험자가 사망이나 장해를 당했을 경우 사망보험금과 급부금을 지급해주는 제1보험기간, 연금 수령 후부터 평생 동안 일정액의 연금을 계속 지급해주는 제2보험기간으로 구분된다.

연금보험 상품의 유형에는 세제 지원 여부, 적용 금리, 연금 수령 방법, 연금 규모, 연금 개시 시기 등 기본적인 요소를 경험생명표를 기준으로 결합하여 다양한 종류가 있을 수 있다.

그 유형을 구체적으로 살펴보면 세제 혜택을 받는 세제 지원 대상 상품인가 아닌가에 따라 세제형 상품과 비세제형 상품으로 나뉜다. 또 연금을 어떻게 받을 것인가에 따라서는 평생 동안 원금과 이자를 매월 연금 형식으로 받는 종신형, 10년 혹은 20년 등 확정된 일정 기간에만 이자와 원금을 받는 확정형, 매월 일정 금액을 연금 형식으로 수령하지만 사망 시까지 계속 원금을 제외한 이자 부분만 지급받고 피보험자 사망 이후 유족에게 상속해주는 상속형 등으로 나뉜다.

연금액의 규모에 따라서는 항상 똑같이 받는 정액형과 물가 상승률,

인플레이션 등을 감안한 체증형이 있고, 연금 적용 이율에 따라 확정 금리를 적용하는 확정형과 은행 금리에 연동되는 금리 연동형이 있다.

또한 연금 지급이 개시되는 시점을 기준으로 하면 거치연금(deferred annuity)과 즉시연금(immediate annuity)으로 구분된다.

거치연금은 연금 수급권을 취득한 후 일정 기간이 경과하거나 또는 일정 연령에 도달한 경우 연금 지급이 시작되는 유형이다. 거치연금에는 ① 계약자의 생사에 관계없이 확정된 일정 기간 동안만 지급되는 확정형 연금, ② 피보험자가 생존하는 한 종신토록 연금을 지급하는 종신형 연금, ③ 어느 특정 기간 동안 피보험자의 생존을 조건으로 하여 연금을 지급하는 정기형 연금 등이 있다.

종신형 연금과 정기형 연금은 연금 지급액을 예정이율과 예정사망률에 의하여 계산하지만 확정형 연금은 예정이율만 가지고 계산한다. 따라서 확정형 연금은 연금 수혜자의 수명과 관계없이 정해진 일정 기간 동안 연금을 수혜받는 것으로 생명 확률과는 관계가 없기 때문에 은행이나 투자신탁이 개발·판매하는 저축형 연금이다.

즉시연금은 연금 보험료를 일시불로 내고 계약이 체결된 해당 연도부터 바로 연금 지급이 개시되는 상품을 말한다. 목돈을 한꺼번에 맡기면 시중금리와 연동하는 공시 이율로 적립해 그다음 달부터 연금이 지급된다. 즉시연금은 연금 수령 개시일을 기준으로 즉시형 연금과 거치형 연금으로 분류된다.

즉시형 연금은 가입하고 1개월 후부터 바로 연금을 수령할 수 있는 상품이며, 거치형 연금은 가입 당시에는 경제적으로 소득이 있는 상태이므로 어느 일정 기간 거치한 후에 연금을 수령하는 상품이다.

· 개인연금보험의 종류 ·

구분 방법	종류
세제 지원	비과세 상품(일반연금보험, 변액연금보험), 세액공제 상품(연금저축보험)
적용 금리	확정 금리형 상품, 금리 연동형 상품, 실적 배당형 상품
연금 수령	종신형 상품(손해보험 제외), 확정형 상품, 상속형 상품, 변액형 상품
연금 규모	정액형 상품, 체증형 상품, 변액형 상품
납입 방법	정기납 상품, 일시납 즉시연금보험 상품, 추가 납입 상품
연금 개시 시점	거치연금, 즉시연금

※ 연금보험의 종신형 상품과 변액보험 등 평생 보장하는 종신형 상품은 생명보험에서만 취급 가능

연금 수령은 본인이 원할 경우 매월 또는 3개월, 6개월, 1년 단위로 취사선택할 수 있다.

기업연금보험은 퇴직금을 가지고 운영되므로 퇴직보험이라고도 한다. 연금보험은 사회보장제도의 보완 역할을 수행하므로 정부에서도 가입자에게는 이자소득에 대한 세제 혜택을 준다. 특히 정부에서 세제를 지원해주는 연금저축보험은 연간 납입한 보험료 중에서 400만 원 한도까지 세액공제 혜택을 주고 있다.(2000년 이전에 가입된 개인연금저축은 납입액의 최대 40%까지, 연간 72만 원 한도에서 소득공제를 해준다.)

조세감면법상 세제 혜택을 받기 위한 조건은 다음과 같다.

가입 자격	만 18세(구 개인연금은 만 20세) 이상의 국내 거주자		
납입기간	5년 이상 납입		
납입 방법	월납 또는 3개월납		
납입 한도	연간 1,800만 원		
연금 개시	55세 이상	연금 지급 기간	5년 이상
계약관계	계약자 = 피보험자 = 연금수익자가 모두 동일		
세액공제	연간 400만 원 한도(총급여 5,500만 원 이하는 16.5%, 5,500만 원 이상은 13.2%)		

　개인연금저축의 경우 가입자들이 일정 부분의 이전 수수료만 내면 세액공제액 추징 등 재산상의 불이익 없이 다른 금융기관으로 계약을 이전할 수 있다. 이때 가입자들은 계약 이전을 신청하기 전에 거래 중인 금융기관을 방문하여 현재까지 불입한 누계액 및 이자, 해지(환매) 수수료, 미상각 신계약비 등을 검토하고 해약환급금을 산출해본 후에 이전 여부를 결정하여 연금을 옮기고 싶은 금융기관에 이전을 신청하는 것이 바람직하다.

　연금보험은 경제적 능력이 없는 노후를 안락하게 보내기 위한 동반자다. 은퇴 후 제2의 인생을 새롭게 출발할 때 반드시 필요한 갈무리 수단(미래의 생활 안정을 위한 현재의 투자 수단)이므로 연금보험가입 시에는 이를 끝까지 유지하겠다는 생각으로 좋은 상품과 우량 금융기관을 선택해 가입하는 지혜가 필요하다. 혼자 결정하기 곤란할 경우에는 보험설계사나 보험대리점 등 보험 컨설팅 전문가에게 자문하는 것이 가장 바람직한 방법이다.

돈이 없으면 구차한 신세로 전락하여 노후를 쓸쓸하게 보내기 십상이다. 노후를 궁색하지 않게 보낼 수 있는 필요충분조건은 바로 돈이며, 이러한 돈을 생기게 하는 원천은 연금보험이라고 할 수 있다.

· 개인연금과 국민연금, 공적연금의 운영 형태 비교 ·

구분	국민연금	공적연금			개인연금	
		공무원연금	군인연금	사학연금	연금보험	연금저축
시행 시기	1988년	1960년	1963년	1975년	1945년	2001년
가입 대상	전 국민	공무원, 판검사, 경찰직	장교, 장기 복무 하사관	사립학교 교사 및 교직원	일반인	일반인 (근로소득자)
연금 종류	노령연금, 장애연금, 유족연금	퇴직급여, 유족급여, 퇴직수당, 재해보상급여	퇴직연금, 상이연금, 유족연금	퇴직급여, 유족급여, 퇴직수당	노후연금, 유족연금	노후연금
취급 기관	정부(국민연금관리공단)	정부(공무원연금관리공단)	정부(군인연금관리공단)	정부(사립학교교직원연금관리공단)	보험회사	전 금융권
기금 운영 상태	2057년 연금 수지 적자 예상	2001년부터 연금 수지 적자 상태	1973년 이미 연금 고갈	2023년 적자 예상	안전(단, 변액연금은 리스크 상존)	안전
특이 사항	자영업자, 자유업 종사자 소득공제 혜택	특수 계층만 가입 가능, 소득공제 혜택	특수 계층만 가입 가능, 소득공제 혜택	특수 계층만 가입 가능, 소득공제 혜택	보장과 저축 겸비, 보험 차익 비과세	근로소득자 세액공제 혜택

보험 상품은
어떤 과정을 거쳐서 판매되나?

보험회사에서 보험 상품을 개발하여 판매하고자 할 때에는 보험 상
품 개발의 자율성을 확대하고 보험가입자의 권익을 보호하며 보험산업
의 건전한 발전을 도모하기 위하여 정관을 제외한 사업 방법서, 보험약
관, 보험료 및 책임준비금 산출 방법서 등의 기초 서류를 작성해 금융
감독원의 인가를 받도록 보험업법에 규정하고 있다.

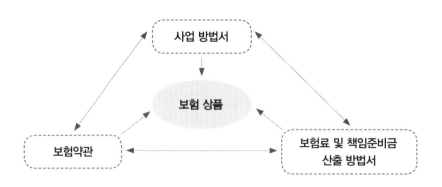

사업 방법서는 보험사업자의 경영 지침을 정한 서류로서 판매 상품에

대한 사업 내용을 명시하고 있고, 보험약관은 사업 방법서에 정한 바에 따라 그 내용 중 보험계약 당사자 간의 계약 내용을 기술한 것이다.

보험료 및 책임준비금 산출 방법서는 계약의 가장 민감한 부분인 보험 상품의 가격, 즉 보험료를 결정하는 기초 서류다. 보험 상품은 기초 서류인 사업 방법서, 보험약관, 보험료 및 책임준비금 산출 방법서의 상호작용에 의해 탄생된다고 할 수 있다. 보험 상품이 개발되면 금융감독원의 인가를 받고 판매해야 하는데, 인가 방법에 따라 신고 상품과 보고 상품으로 구분되며 이의 판단은 회사 및 회사의 대표 계리인이 한다.

금융감독원장에게 신고 또는 보고를 할 때는 ① 보험 상품 신고(보고)서, ② 기초 서류, ③ 보험 요율 산출 근거, ④ 보험계리인의 확인서, ⑤ 상품 관리 규정에 의한 보험개발원장의 확인서 등의 서류를 제출해야 한다.

이때 금융감독원장은 신고 또는 보고된 상품에 대하여 관련 법규 및 상품 관리 규정에 부합하는지 혹은 보험계약자의 이익에 반하는 사항이 있는지를 심사한 후, 심사 결과 부적정하다고 인정되는 경우에는 신고 또는 보고를 받은 날부터 20일 이내(자동차보험은 30일 이내)에 신고의 수리를 거부하거나 시정 및 보완 요구 등 필요한 조치를 취해야 한다.

신고 상품

1. 법률에 의하여 보험가입이 의무화되는 상품
2. 세제와 관련되는 상품
3. 생명보험·손해보험 간 또는 타 금융권 업무 영역에 관련되는 상품
4. 새로운 금리 체계를 적용하는 상품
5. 자동차보험 상품
6. 금융 환경 또는 사회 환경의 변화 등에 따라 상품 개발 기준과 다르게 개발 또는 변경하는 상품

신고 상품을 개발하거나 변경하는 경우에는 금융감독원장에게 판매 전에 신고해야 하며, 신고일로부터 20일 이내에 수리가 거부되지 않으면 신고일로부터 20일(자동차보험은 30일)이 지난 다음 날에 인가된 것으로 본다. 다만, 수리되기 이전에 금융감독원의 보완 요구가 있거나 회사가 신고 내용을 보완하고자 하는 경우에는 보완 신고한 날을 신고일로 본다. 만약 금융감독원의 보완 요구가 있을 경우 회사는 보완 요구일로부터 45일 이내에 보완 신고를 해야 하며, 기한 내에 신고하지 않은 경우에는 신고를 철회한 것으로 본다.

금융감독원은 신고 상품이 다음에 해당하는 경우에는 신고 내용을 보완하도록 요구하거나 신고의 수리를 거부할 수 있다.

· 보험계약자의 이익에 반하는 사항이 있는 경우
· 법률 및 제 규정에 반하는 사항이 있는 경우
· 보험계약자를 현혹시키거나 오도할 수 있는 사항이 있는 경우
· 주관적·추상적인 사항을 포함하는 내용으로 상품 판매 시 혼란을 초래할 가능성이 있거나 불분명한 경우

- 상품 판매 시 보험 시장의 질서를 저해하거나 심각한 악영향을 끼칠 수 있다고 인정되는 경우
- 기타 보험계약이 이해관계자들의 이익을 저해하거나 적절하지 못한 내용이 있다고 인정되는 경우

보고 상품

- 상품 개발 기준에 부합되게 개발 또는 변경하는 경우
- 법령의 개정 또는 금융감독원의 지시에 의하여 변경하는 경우
- 보험약관 중 보험가입자의 권익을 확대하거나 의무를 축소하기 위하여 변경하는 경우
- 사업 방법서 중 영업 활동의 편의를 도모하기 위하여 변경하는 경우
- 보험증권, 보험계약 청약서의 기재 사항 중 보험가입자의 권익이나 의무 사항을 제외한 사항으로서 업무의 편의를 도모하기 위하여 변경하는 경우
- 이미 신고 상품으로 인가를 받아 판매하고 있는 상품과 동일한 내용으로 개발하는 경우

보고 상품은 보험회사가 자율적으로 판매할 수 있는데, 이 경우 보험회사는 상품을 판매한 후 15일 이내에 금융감독원장에게 보고해야 한다. 그러나 보고 상품이 다음에 해당되는 경우에는 금융감독원에 보고하지 않고 판매할 수 있다. 즉 보험개발원의 검증이나 보험감독원의 인가 신청 또는 보고 없이 판매가 가능한데, 단 이는 상품 운용 상황 보고 시 함께 보고한다.

1. 법령의 개정 또는 금감위의 명령에 의하여 변경하는 상품
2. 보험가입자의 권익을 확대하거나 의무를 축소하기 위하여 변경하는 상품
3. 보험가입자의 권리·의무에 영향을 미치지 아니하는 사항을 변경하는 상품
4. 보험 요율에 영향을 미치지 않는 특별 약관(인가받은 약관에 한함)을 원용하는 상품
5. 보험증권 및 보험계약 청약서의 양식을 단순히 변경하는 상품

이렇게 하여 보험회사가 상품을 개발하거나 변경하는 경우 신고 상품은 신고 전(보완 시에는 보완 신고 전), 보고 상품은 판매 전에 보험료 및 책임준비금 산출의 정확성 및 예정위험률의 적정성 여부 등의 검증에 필요한 서류(보험약관 중 보장 내용과 보험료 및 책임준비금 산출 방법서 등)를 보험개발원장에게 제출하여 미리 보험개발원장의 확인을 받아야 한다(일반 손해보험 상품은 제외).

이 경우 보험개발원장은 서류 접수일로부터 15일 이내에 확인 결과를 신청 회사에 통보해야 한다. 보험료 산출에 대한 확인 결과가 부적합할 경우 보험회사는 확인 신청 내용을 보완 신청할 수 있으며, 이때는 보완일을 신청일로 본다.

보험회사는 판매할 상품에 대한 인가를 받고, 확인이 끝나면 보험 상품을 판매할 수 있다. 판매 시에는 상품 판매 방법의 변경 및 판매 중지 등 상품 판매 현황을 매년 1월 말까지 금융감독원장에게 보고해야 한다. 보험 상품은 상품 개발 시 해당 상품의 이율을 정하는데, 이 경우 상품 이율은 보험회사가 자율적으로 산출하여 사용하되 표준 책임준비금에 사용되는 표준 위험률은 보험감독 규정에 따르도록 보험 상품 관리 규정에 명시하고 있다.

금융위원회에서는 보험업 감독 규정을 개정하여 보험회사가 보험료를 산출할 때 현행 3이원 방식 외에 현금 흐름 방식(cash flow pricing)을 사용할 수 있도록 했다. 3이원 방식은 보험사고 발생률, 이자율, 사업 비율을 토대로 보험료를 산출하지만, 현금 흐름 방식은 여기에 보험계약 유지율, 판매 규모, 보험회사의 목표 이익, 기타 가격 요소(금리 예측, 보증 · 옵션 등)를 추가로 반영한다. 즉, 보험료 산출 시 예상 가능한 모든 기초율을 사용하는 방식으로 이러한 현금 흐름 방식을 따르면 동일한 상품이라 해도 보험회사나 판매 방식에 따라 보험료가 다양해진다. 보험회사의 상품 개발 자율성이 확대되는 만큼 소비자의 보험 선택권을 보장하기 위해 보험 상품 공시 강화 제도도 활성화된다.

보험에서 의미하는
위험이란?

보험은 위험의 결합을 통하여 불확실성을 확실성으로 전환시키는 위험 이전 금융 상품이다. 위험의 발생으로 인하여 피보험자가 입게 되는 경제적 손실을 보상해주는 경제적 보전 제도인 것이다.

"보험이 있는 곳에 위험이 있고, 위험이 있는 곳에 보험이 있다"라는 말과 같이 보험은 위험과 불가분의 관계를 맺고 있다. 보험은 위험이 결합되어야만 그 기능을 발휘할 수 있기 때문이다. 위험이 존재해야만 보험의 존재 가치가 있다. 만약 위험이 존재하지 않는다면 보험의 존재 가치는 유명무실해진다. 앞날에 대한 아무런 걱정과 불안이 없는데 구태여 보험을 가입할 사람은 없을 것이다.

여기서 위험(危險, risk)이란 사고의 발생 가능성을 통계적으로 측정은 가능하지만 언제 발생할지 정확히 알 수 없는 불확실성을 말한다. 즉, 손해의 가능성을 의미한다고 할 수 있다. 이러한 손해의 가능성은 우리 생활 주변에 수없이 많이 존재하는데, 우리는 그것을 잘 인식하지 못한다. 위험의 발생 여부를 미리 판단할 수 있는 예측 능력이 없기 때문이다. 언제 발생할지 예측이 가능한 사고는 진정한 위험이 아니라 우리가 흔히 말하는 일반적인 위험(danger)이다. 그리고 이러한 일반적인 위험은 보험에서 의미하는 위험과 개념이 다르므로 보험의 대상이 되지 않는다.

사람들이 위험에 대처하는 방법에는 몇 가지가 있다. 위험을 회피하는 것, 위험을 방지하는 것, 위험을 분산하여 감소시키는 것, 위험을 인수하는 것, 위험을 전가시키는 것 등이다. 보험은 피보험자가 입게 되는 경제적 위험을 보험을 통하여 전가시키는 방법에 해당한다.

위험과 유사한 용어로 위태(危態, hazard)가 있다. 그러나 위험은 가치의 상실을 의미하는 반면, 위태는 사고로부터 발생하는 손해의 가능성을 일으키거나 증가시키는 각종 사고의 원인을 의미한다는 점이 서로 다르다.

이 같은 위험의 유형은 손해 발생의 대상에 따라서는 인적위험(personal risk)과 물적위험(physical risk), 배상책임위험(liability risk) 등 3가지로 나뉘며, 손해의 정도에 따라서는 순수위험(pure risk)과 인위적위험(artificial risk) 등 2가지로 구분된다.

먼저, 인적위험은 사람의 신체와 관련된 위험으로 사람의 조기 사망이나 부상, 질병, 후유 장해, 장기 생존, 상해, 실업 등으로 경제적인 손해가 발생하는 위험을 말한다. 구체적으로 설명하면 조기 사망 위험은 가장의 사망에 따른 가족의 부양, 자녀 교육 등 유가족에 대한 재무적 의무가 충족되지 않는 위험을 말한다. 또 부양가족이 있는 가정의 주소득원인 가장이 질병, 상해로 돈을 벌지 못하게 되면 실제로 수입에 대한 가족의 니즈(needs)는 가장의 사망 시보다 더 커져야 한다.

장기 생존 위험은 소득에 비해 오래 살 가능성을 말하며 은퇴위험이라고도 한다. 질병 또는 상해에 관한 위험은 질병 및 상해의 발생으로 인하여 입게 되는 소득 상실과 비용 추가 위험을 말한다. 실업에 관한 위험은 실업으로 재무적 안정성이 위협받는 위험이다.

한편, 물적위험은 사람이 소유하고 있는 재산이 화재나 폭풍, 지진, 도난, 충돌 등의 원인에 의해 파괴되거나 손상되어 경제적인 손해가 발생하는 위험을 말하는데 재산위험(property risk)이라고도 한다. 여기에는 사고 발생 전의 상태로 돌리기 위한 원상 복구 비용을 의미하는 직접손해와 직접손해에 추가되는 손해인 간접손해가 있다.

배상책임위험은 고의 또는 과실로 인한 불법행위나 채무불이행으로 제3자의 신체나 재산에 손해를 입혀 손해배상을 해야 하는 위험을 말한다. 배상책임위험은 재산적 손해와 비재산적 손해, 기타 비용 등 3가지로 구분된다. 재산적 손해는 재산에 대한 기존 이익의 멸실 또는 감소를 발생시키는 적극적 손해와 장래 이익의 획득을 방해하여 손실을 발생시키는 소극적 손해가 있다. 비재산적 손해는 피해자와 피해자 친족의 정신적 충격에 따른 손해를 의미하며 일반적으로 위자료라고 칭한다. 그리고 기타 비용은 변호사 보수나 인지대와 같은 소송 비용, 재판 진행에 따른 기회비용을 말한다.

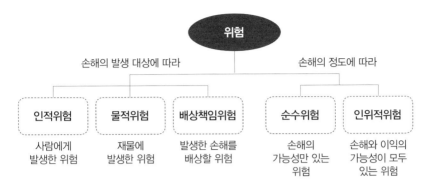

또 위험의 유형은 손해의 정도에 따라 순수위험과 인위적위험으로 구분된다.

순수위험은 사망이나 장해 그리고 홍수, 지진, 화재 등과 같이 경제적 손실의 가능성만 있고 이익을 가져올 가능성은 전혀 없는 위험을 말한다. 순수위험은 그 위험에 처한 사람의 뜻과는 무관하게 사고가 발생하여 손해를 입거나 손해를 입지 않을 기회만 있는 위험이다. 순수위험에는 일반사망의 위험, 사고로 인한 상해의 위험, 질병의 위험, 불의의 사고로 인한 재해사망의 위험, 노령화에 따른 생활 안정의 위험, 실업 등으로 인한 수익 상실의 위험, 재해사고로 인한 재산 손실의 위험, 다른 사람에게 피해를 입힘에 따른 배상책임 부담의 위험, 유가증권의 손해 위험 등 그 종류가 매우 많다.

예를 들어 사람이 빨리 죽는 것은 부양가족들이 경제적인 위험에 처하는 것이고, 재산 없이 무노동 무임금으로 노후를 보낸다는 것은 본인 자신이 경제력의 상실로 생활의 위험에 처한다는 것을 의미한다.

인위적위험은 주식 투자나 펀드, 경마, 부동산 투자, 벤처기업, 도박

등과 같이 손해를 볼 가능성과 이익이 일어날 가능성이 공존하는 위험을 말한다. 인위적위험은 이익을 목적으로 스스로 위험, 즉 손해의 가능성을 무릅쓰고 의도적으로 행위를 하므로 투기적위험(speculative risk)이라고도 한다.

그래서 순수위험은 보험의 담보 대상이 되지만 인위적위험은 역선택의 소지가 있기 때문에 담보 대상이 되지 않는다. 보험회사에서는 이러한 인위적위험의 가능성이 있는 역선택을 방지하기 위해 위험 선택을 신중하게 하고 있다. 보험은 순수위험을 대상으로 그 위험을 관리해주는 수단이다.

일반적으로 위험을 느끼는 정도와 태도는 사람마다 다르다. 특히 성별이나 연령, 성격, 직업, 학력, 재산, 사회적 지위 등에 따라 약간씩 차이가 있다. 예를 들면 남자보다는 여자가 위험을 더 싫어하고 위험을 느끼는 정도도 심하다. 그리고 젊은 층에 비하여 노년층이 위험을 더 많이 느끼며 기피하고 싶어 한다. 학력이 높은 사람이 그렇지 않은 사람보다 위험을 싫어하며 더 많이 느낀다. 재산이 많은 사람보다는 재산이 적은 사람이 위험을 더 많이 느끼며 또한 위험을 싫어한다.

위험을 느낀다는 것은 장래 생활에 대하여 경제적인 불안을 느낀다는 뜻이므로 보험에 가입할 필요가 있다. 그러나 위험을 싫어한다는 것은 바꿔 말하면 보험을 싫어한다는 뜻도 되므로, 보험에 대한 이들의 기피 현상은 위험을 덜 싫어하는 사람보다 다소 심하다고 할 수 있다. 따라서 위험을 싫어할 것이 아니라 적극적으로 그에 대비할 수 있는 수단을 찾아야 한다.

사람은 위험의 발생 여부를 정확히 예측하지 못한다. 그래서 미리 위험에 대처할 수 있도록 관리가 필요하며, 그러한 위험 관리의 대표적인 수단으로는 역시 보험이 가장 바람직한 방법이다. 참고로 보험에서 말하는 위험은 다음과 같은 요건을 갖추어야 한다.

첫째, 경제적인 손해가 명확한 위험이어야 한다.

많은 사람에게 공통적으로 발생하는 우발적인 사고로 인하여 경제적인 손해가 생길 가능성이 있어야 하고 금전적 가치로 환산할 수 있는 위험이어야 한다.

둘째, 통계적으로 측정이 가능해야 한다.

보험의 대상이 되는 위험은 합리적인 정확성에서 손해의 발생률을 계산할 수 있는 성질이어야 한다. 보험사고가 발생했을 때는 시기와 장소가 명확하여 위험의 발생으로 인한 평균적인 손실액을 통계적으로 정확히 측정하고 평가하여 산출할 수 있어야 한다. 즉, 보험사고로 입은 손해가 명확히 확인될 수 있어야 한다.

셋째, 다수의 사람들에게 공통된 위험이어야 한다.

보험사고가 대수의 법칙을 적용해 평균 손실을 과학적으로 정확하게 산출하기 위해서는 동질성과 대량성 등 2가지 요건을 갖추어야 한다. 즉, 다수의 사람들에게 공통된 동일한 성격의 위험이 결합되어야 한다.

그렇지 않으면 대수의 법칙을 적용할 수 없다.

넷째, 위험의 발생 가능성이 있어야 한다.

위험의 발생 가능성이 어느 정도는 있어야 한다. 만약 위험의 발생 가능성이 없거나 또는 극히 낮을 때에는 위험 발생률의 합리적 측정이 힘들기 때문에 보험사업의 운영이 어렵게 된다.

다섯째, 위험을 미리 예지할 수 없어야 한다.

보험의 대상이 되는 위험은 예기치 못한 손해를 초래하는 것이고 손해는 우연히 발생하는 것이어야 한다. 즉, 위험이 규칙적으로 일어난다거나 또는 대량으로 발생할 경우에는 보험에 가입한 모든 사람에게 영향을 주어 합리적이고 공평한 부담에 의한 보험 급부가 이루어질 수 없으므로 위험은 불규칙하게 일어나야 한다.

여섯째, 거대한 손해를 가져오지 않는 위험이어야 한다.

막대한 손해를 불러올 가능성이 있는 위험은 보험의 대상이 아니다. 가장 큰 재난에 의한 손해가 누차 발생할 가능성이 있는 경우에는 보험을 운영할 수 없게 된다.

일곱째, 보험료는 납입 가능한 수준의 금액이어야 한다.

보험료는 피보험자 단체의 누군가가 위험을 통하여 받는 손해액을 모든 가입자가 분담할 수 있는 만큼의 금액이어야 한다. 즉, 보험료는 많은 사람들에게 큰 부담을 주지 않고 납입이 가능한 액수가 되어야 한다.

보험회사의 경우 금융 경영 전반에 공통적으로 해당하는 위험뿐만 아니라 보험 특유의 위험도 안고 있다. 보험회사의 지불 여력을 위협할 수 있는 위험은 크게 다음과 같이 5가지로 정리할 수 있다.

① 자산 가치 감소의 위험으로서 주식, 채권, 부동산 등의 투자 수단에서 발생하는 실질 가치의 하락이나 원리금의 손실로 발생하는 위험
② 보험 요율 결정의 위험으로서 사망률, 장해율, 실효율, 사업비 등이 예상보다 증가하는 등 보험 상품의 미래 운용 결과의 불확실성으로부터 발생하는 위험
③ 금리 변화로 인한 위험으로서 국내 금리의 변동 및 외환 가치의 하락 등으로 보험회사가 원하지 않는 투자나 투자 금액의 회수 또는 보험계약자의 예상치 않은 가입금액 인출 등으로 인해 손실이 발생하는 위험
④ 보험사업상의 위험으로서 보험 시장의 영역 확대, 조직 확장 및 신규 보험 상품의 판매, 세제상의 변화 등과 관련되어 발생하는 위험
⑤ 신용도가 악화되는 위험으로서 보험회사의 경영 악화 및 인지도 하락 등으로 인해 발생하는 위험

보험에서 의미하는 손해란?

손해(損害, loss)는 위험의 작용에 의한 피보험이익의 전면적 혹은 부분적 소멸로서, 본인이 의도하지 않은 경우에 위험이 발생하여 사고가 생긴 결과 피보험자가 입게 되는 경제적 또는 금전적 손실과 부담을 말한다. 즉, 손해는 본인이 원하지 않거나 또는 뜻하지 않은 위험한 사고의 결과로 인하여 입게 되는 자산 가치의 하락(감소)과 소멸을 뜻한다.

일반적으로 어떤 주어진 환경하에서 발생 가능한 사고의 원인이 되는 조건이나 상태가 사실적인 현상으로 구체화됨에 따라 그 영향을 받고 있는 사고가 발생하게 되며, 그 결과로서 가치의 기준을 의미하는 손해가 나타나게 된다.

손해는 크게 인적손해(personal loss)와 물적손해(property loss)로 구분된다.

인적손해는 예기치 않은 사고로 인하여 사람이 사망하거나 상해를 입어 경제적인 능력을 상실함으로써 입게 되는 손해다.

물적손해는 예기치 않은 사고로 인하여 재물이 입게 되는 손해로서 이에는 직접손해(direct loss)와 간접손해(consequential loss)가 있다. 직접손해는 사고의 발생으로 재물의 손상이나 파괴, 절도 등 직접적으로 입게 되는 금전적인 손해로서 재산손해가 여기에 속한다. 간접손해는 자산 가치에 대한 직접적인 손해는 아니지만 그에 부수적으로 발생하는 손해로서 비용손해(expenses loss)와 책임손해(responsibility loss)로 나뉜다. 비용손해는 사고를 당한 후에 원상 복구를 하기까지 기회비용에 관한 손해이며, 책임손해는 사고로 인하여 다른 사람에게 피해를 입혔을 경우에 그 손해를 배상해야 하는 손해를 말한다.

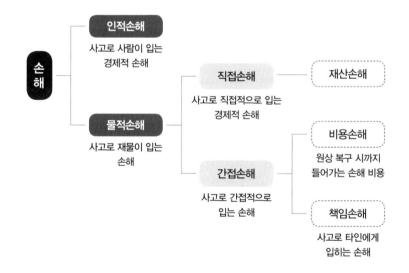

모든 손해는 그 손해가 우연적으로 발생했든 또는 필연적이든 간에 손해를 일으키는 원인이 존재한다. 사람의 일반적인 사망이나 노후로 인한 쇠약, 물건의 노후 현상 등은 그 시기는 알 수 없지만 언젠가는 반

드시 발생하는 필연적인 위험이며 이에 따르는 손해 또한 필연적이다.

재해사망이나 폭발, 홍수, 폭풍, 지진, 도난, 강도, 질병의 발생, 상해 등은 우연적으로 발생하는 사고다. 즉, 이는 만약의 경우에 발생하는 사고로서 그에 따른 손해가 매우 크다. 일반적으로 손해와 유사한 용어에는 손실, 손상, 훼손, 상실, 멸실, 감소 등이 있다.

그런데 사고(事故, peril)란 구체적으로 무엇을 의미할까? 사고는 위태의 구체적인 실현, 즉 손해의 원인이 되는 고의성이나 필연성이 없는 우연적인 사건을 뜻한다. 사고는 위험이 급격하게 발생하거나 또는 위험이 서서히 계속적으로 그리고 반복적으로 노출되어 있어서 그 결과 생긴 신체의 장해나 재물의 손해다.

이러한 사고는 크게 고의적인 사고와 우연적인 사고로 구분되는데, 고의적인 사고는 본인이 의도적으로 낸 사고로 이로 인해 발생한 손해는 설령 보험에 가입했다 하더라도 보상받을 수 없다. 반면에 우연적인 사고는 본인의 실수나 부주의 또는 어찌할 수 없는 불가항력적인 상황의 전개로 인해 발생한 사고로서 이때는 보험회사가 보상을 해준다. 즉, 보험은 우연한 사고로 인하여 발생한 손해만을 보상해주는 것이다.

보험에서의 손해는 다음과 같은 7가지 요건을 갖추어야 한다.

① 동종의 손실 단위가 많이 존재해야 할 것
② 우연하고 고의성이 없으며 예지할 수 없는 손해여야 할 것
③ 발생한 손해가 확정적이면서 측정이 가능해야 할 것
④ 발생한 손해가 재난이나 재앙의 성격을 띠지 않아야 할 것

⑤ 손해의 발생 가능성을 계산할 수 있는 손실이어야 할 것

⑥ 경제적으로 보험료가 책정될 수 있는 손해여야 할 것

⑦ 거대한 손해를 가져오지 않아야 할 것

이와 같이 보험은 보험가입자가 노출된 위험을 보험회사에 전가하는 대가로 보험료를 지불하고, 보험회사는 위험의 노출로 사고가 발생하여 보험가입자가 손해를 입으면 보험금을 지급함으로써 위험을 관리해주는 경제적인 손실 보전 수단이다.

여기서 위험의 전가(轉嫁)란 피보험자로부터 재정적 규모가 큰 보험회사에 위험의 발생으로 인한 경제적인 손실 책임이 모두 넘어가는 것을 말하고, 위험 관리(管理)란 불의의 사고로 발생할 수 있는 손실의 규모를 최소화하기 위해 활동하는 관리 형태를 말한다.

정액보험과 변액보험은
어떻게 다른가?

생명보험은 지급되는 보험금액의 확정 여부에 따라 크게 정액보험(定額保險, valued contract)과 변액보험(變額保險, variable life insurance) 두 가지로 구분된다. 정액보험은 보험사고의 발생으로 지급되는 보험금의 액수가 보험계약 때 확정되어 있는 상품이고, 변액보험은 계약 시 약정한 보험금, 즉 보험사고 시 지급받을 수 있는 보험금액이 변동되는 상품이다.

자세히 설명하면 정액보험은 보험사고의 시기와 관계없이 보험금 지급액이 항상 일정한 보험을 말한다. 보험금 지급사유가 발생한 때에 손해 유무 또는 정도 여하를 고려하지 않고 일정액의 보험금을 지급하며 대부분의 생명보험이 이에 해당된다.

변액보험은 보험의 본래 기능인 보장기능에다가 은행의 저축기능과 증권의 뮤추얼펀드(mutual fund) 투자기능까지 갖춘 실적배당형 종합금융상품이다.

간단하게 말하면 변액보험은 '보험(보장) + 투자신탁(펀드) 상품'으로서 적립금(특별계정)인 펀드를 전문대행 운용사에서 취급하므로 간접투자상품의 성격을 띠고 있다. 또한 상품부리 이율 체계가 다르다. 정액보험은 상품개발 시부터 상품부리 이율이 예정이율 또는 은행의 정기예금금리 등에 따라 연동되도록 설계되어 있어서 그 범위 안에서 수익이 발생한다. 변액보험은 납입한 보험료를 주식, 채권 등 펀드에 투자하여 얻은 투자실적배당률을 근간으로 하여 수익률이 보험기간 내내 변동한다.

• 변액보험과 정액보험의 상품 내용 비교 •

구분	사망보험금	상품 부리이율	최저 보증이율	운용 계정	적립금 운용	투자 책임 (리스크 부담)	판매 가능자
변액 보험	기본보험금, 변동보험금	실적 배당 (예정이율 없음)	없음	특별 계정 (펀드 운용)	전문 대행 운용사	가입자	변액보험판매 관리사 자격증을 취득한 보험설계사
정액 보험	보험 가입금액	예정이율 적용(확정 배당)	있음	일반 계정	보험 회사	보험회사	보험설계사

변액보험과 적립식 펀드는
어떻게 다른가?

변액보험과 적립식 펀드는 적립 금액이 펀드로 운용되는 간접투자 상품의 양대 축이지만, 도입 취지 및 상품 특성, 운용 방법, 수익 구조, 수수료 부과 체계, 보장 여부 등 여러 가지 면에서 크게 다르다. 따라서 가입 시에는 향후 목적 자금을 언제 어떤 용도로 어떻게 활용할 것인지에 따라 신중히 취사선택해야 한다. 변액보험과 적립식 펀드의 공통점과 차이점을 좀 더 상세히 알아보면 다음과 같다.

우선 둘의 공통점은 본인이 직접 주식 및 채권 등 유가증권과 선물, 스왑, 옵션 등 장내외 파생 상품, 부동산 등 실물 자산에 투자하지 않고 가입한 금융기관을 통해 간접적으로 투자하는 상품이라는 것이다. 또 투자수익률이 시장 변동성에 민감하게 작용하는 실적 배당형 상품이므로 펀드 투자로 인한 책임은 모두 투자자 본인에게 귀속되는 자기 책임 원칙이 따른다. 그 밖에도 코스트 애버리징 효과의 발생으로 인해 펀드 매입 비용을 평균화시키면서 단가를 조금이라도 낮춰 투자 위험을 제거하는 분산투자 기능이 있다는 점, 투자한 자금이 펀드로 운용되는 까닭에 해약 반환금(cash value) 유지, 비과세 수혜, 투자자 책임 귀책 사유 등이 있다는 점이 공통적이다.(참고로 코스트 애버리징 효과(dollar-cost averaging effect)란 펀드 운용 종목의 주식을 한꺼번에 사지 않고 일정 기간마다 일정한 금액씩 나누어 사는 정기 분할 매수 방법으로 발생하는 효과이며, 펀드 매입 비용 평균화 효과라고도 한다. 주식 가격 하락 시에는 매입 좌수가 증가되어 전체적으로 펀드의 평균 매입 단가를 낮추는 효과가 있다.)

그러나 변액보험과 적립식 펀드 간에는 차이점도 많다. 상품 수익 구조, 펀드 운용 방식, 합리적인 기대 수익률, 목적 자금 마련 기간, 유동성 확보 방법, 가입 후 펀드 포트폴리오 조정 방법, 비과세 처리 방법, 펀드 운용 비용 차감 방법, 예금자보호법 적용 등 여러 면에서 서로 다르다.

• 변액보험과 적립식 펀드의 장단점 비교 •

구분	변액보험	적립식 펀드	비고(공통점)
장점	• 보험 혜택, 비과세 혜택, 최저 보장 보험금 지급 보장 제도에 의해 5,000만 원까지 예금자 보호 • 자산 운용 옵션, 연금 전환 등 부가 서비스 다양, 지속적 펀드 컨설팅 가능 • 펀드 후취 수수료 부과 규모가 적립식 펀드보다 작고 이자소득 비과세로 약 13년 이상 장기 투자 시 수익률 역전 현상 발생, 재테크와 생활 안정 테크를 동시에 실현 가능	• 펀드 종류의 다양화로 가입자 선택 폭이 크고, 판매처가 많아 비교 선택이 용이 • 단기 투자 시 적격(초기 신탁 보수 비용 적게 발생) • 만기에 관계없이 단기간 내 유동성 확보 가능 • 중도 환매 시 투자수익률이 하락하지 않는 한 원금 손실 없음, 3년 이내 중도 환매 시 변액보험보다 환급 금액이 훨씬 많음	• 미래 가치 창출 가능 • 인플레 헤지 기능 보유 • 사후 관리가 매우 중요 • 상품 구성 및 수익 구조가 상이하므로 중장기 및 단기 재테크의 방법으로 구별하여 선택해야 함
단점	• 중도 해지 시 불이익이 큼 (사업비 부과로 가입 초기 해지 시 원금 손실 발생) • 자연보험료 적용으로 고연령자 가입 시 수익률 저하 • 미유지 시 월 대체 보험료 계속 차감 • 조기 해지 시 적립 금액과 해약환급금 간 차이 발생으로 환급금 저조 • 단기간 유동성 확보 곤란	• 펀드 수수료 후취 규모가 큼(펀드 수수료 부정액 후취 적용으로 장기 운용 시 수익률에 걸림돌) • 펀드 선택권 제약으로 시장 변화에 대처가 곤란 • 펀드 투자 원리금에 대한 예금자 보호 불가 • 자산 운용 옵션 기능 부재로 주가 하락 시 펀드 변동성 심할 경우 마땅한 위험 회피 수단이 없음	• 펀드 수수료의 후취 부과로 기간 경과 시 비용 지출 금액이 커짐 • 변액보험은 사업비 유지 기간 동안 계속 공제 • 자기 책임 원칙 적용 • 판매사, 펀드 운용사, 펀드 상품 종목, 관련 변수 등에 따라 수익 차 발생

※ 변액보험은 상품 구성 방식에 따라 변액종신보험(variable life insurance), 변액유니버설보험(variable universal life insurance), 변액연금보험(variable annuity), 변액CI보험(variable critical illness annuity) 등으로 구분된다.

• 변액보험과 적립식 펀드의 특징 비교 •

구분	변액보험	적립식 펀드	비고
취급 기관	보험회사(및 은행)	증권, 은행, 투신, 보험사	판매(대행)사
펀드 운용 기관	전문 대행 운용사	전문 대행 운용사	
투자 방침	안정 보수 지향(Middle Risk, Middle Return형)	공격 지향 (High Risk, High Return형)	채권형, MMF형 등은 동일
투자 대상	주식 투자 비율이 60% 이하	주식 투자 비율이 60% 이상	
투자 목적	장기 목적 자금 마련	중단기 목적 자금 마련	목표 기간 상이
기대 수익률	연 환산 약 8%	연 환산 8~10%	장기 투자 시
투자 선택 폭	보험회사에서 정해진 펀드 내에서 선택	투자자 선택에 따라 다양한 펀드 선택 가능	펀드 종류 상이
투자 방법	전문가 대행을 통한 투자	전문가 대행을 통한 투자	펀드매니저
투자자 지위	보험계약자	수익자 또는 주주	
수익 구조상 투자 적정 기간	최소 10년 이상 (장기 유지 시 유리)	3년 이상 10년 이내 (중단기 유지 시 유리)	상품별 수익 구조 상이
만기	만기 없음(해지 자유)	만기 있음(중도 환매 시 패널티 적용)	만기보다 환매 시점이 더 중요
가입 증서	보험증권 (수시 체크 불가능)	수익증권 (수시 체크 가능)	거래 내역 변화 추이의 기재 여부 상이
펀드 변경	매월 가능 (펀드별 이동 자유)	불가능 (엄브렐러 펀드 제외)	보험사별 상이
자산 운용 옵션	매우 다양	자산 운용 옵션 없음	
운용 비용 충당	부가보험료(사업비 선취)	운용 수수료, 환매 수수료 등	신탁 보수는 동일
펀드 관련 비용	운용 보수, 수탁 보수, GMAB, GMDB, GPAB 등	판매 보수, 운용 보수, 수탁 보수, 사무관리 보수 등	신탁 보수는 동일
펀드 수수료	0.2~1.0%	1.0~2.5%	펀드 종류별 상이, 부정액 후취

구분	변액보험	적립식 펀드	비고
투자 시 리스크	상시 존재 (가입 초기에 매우 큼)	상시 존재(변액보험보다 크지만 사업비 없어 원금 손실 폭 작음)	모두 투자자 책임 원칙 적용
직접투자 기능	매우 다양 (펀드 변경, 약관 대출, 보험료 추가 납입 제도용)	제한적 기능 (월 납입액 추가 납입)	변동성 시 리밸런싱 효과 상이
자금 중도 인출	가능(수시 입출금 가능)	불가능(환매 시에만 가능)	
추가 납입	가능	가능	정액식, 자유식
지급 보장	최저 사망보험금 보장 지급	없음	보험 혜택 유무 상이
연금 전환 기능	가능 (연금 전환 특약 부가)	불가능	노테크 시 중요
발생 위험	원금 손실, 특별 계정 폐쇄	원금 손실, 펀드 청산, 합병	공통: 파산
중도 해지 시	원금 손실이 매우 큼	손실이 상대적으로 작음	
세제 적용 여부	10년 이상 유지 시 비과세 (10년 이내 해지 시 과세), 주식 매도 시 증권거래세 부과, 매매 수수료 부과	주식 매매 차익 비과세, 채권 매매 차익 과세, 배당소득 과세, 매매 수수료 부과 (증권거래세 제외)	증권거래세: 거래 금액의 0.3% 매매 수수료: 거래 금액의 0.1%
적용 법률	보험업법, 자본시장통합법	간접투자자산운용업법, 자본시장통합법	

보험 상품은 피보험자 수에 따라 어떻게 구분되나?

보험은 피보험자 수에 따라 크게 단생보험과 연생보험, 그리고 단체보험으로 구분된다. 단생보험과 연생보험을 합쳐 개인보험이라고 한다.

단생보험은 피보험자가 특정의 1인으로 한정된 보험을 말한다. 피보험자가 본인이든 또는 타인이든 1명이므로 보험가입 1건으로 피보험자 1명만 보장된다. 현재 판매되고 있는 대부분의 보험 상품이 해당되며, 일반적으로 양로보험과 사망보험, 손해보험 상품 등이 이에 속한다.

연생보험은 특정의 2인 이상을 피보험자로 하는 보험을 말한다. 즉, 보험가입 1건으로 피보험자 2인 이상을 보장하는 보험으로서 부부 또는 일가족이 동시에 보험의 대상이 된다. 연생보험은 보험계약 시 부부의 생명을 대상으로 계약하되 어느 한쪽이 사망했을 경우 배우자나 자녀 등 생존자에게 보험금을 지급해준다. 여기에는 교육보험 상품이 주종을 이루며, 연금보험과 양로보험 상품도 많이 발매되고 있다. 교육보험의 경우 보험계약 시 부모를 주피보험자로 하고 자녀를 종피보험자로 하며, 부부형 연금보험의 경우에는 본인을 주피보험자로 하고 배우자를 종피보험자로 하여 주로 계약을 체결한다.

단체보험은 일정한 단체에서 일정 직업에 종사하는 수십 명 또는 수천 명 이상의 사람을 1매의 보험증권을 통해 피보험자로 하는 보험이다. 단체 또는 단체의 대표자를 계약자로 하는 하나의 계약으로 단체 구성원 전원을 무진단으로 일괄해서 계약시키는 것을 원칙으로 하는 생명보험이다. 즉, 단체보험은 일정한 조건을 구비한 피보험자의 집단을 보험계약으로 가입하는 보험이라 할 수 있다.

하나의 보험 상품은
어떻게 구성되어 있나?

보험 상품은 대부분 기본계약과 의무특약, 선택특약 등 총 3가지로 구성되어 있다. 일반적으로 기본계약에 3~4개의 의무특약으로 구성되어 있다.

기본계약과 의무특약은 회사마다 다르고 가입 시기에 따라 다르다. 같은 회사의 같은 상품이더라도 언제 가입했는지에 따라서도 의무특약이 달라진다.

기본계약과 의무특약은 회사가 이미 정해놓은 특약으로 보험 상품을 가입할 때 이미 그 상품에 들어 있는 강제가입 특약이다. 대부분 성인보험의 의무특약에는 상해사망이 담보되어 있다. 상해사망이 의무특약인 경우에는 삭제가 불가능하고 가입한도 역시 회사가 이미 정해놓았기 때문에 변경할 수 없다.

한편, 선택특약은 가입 후에도 삭제 및 조정이 가능한 특약이다. 특히 주문형 상품(注文形 商品, Order Made Goods)을 가입할 때는 선택특약을 어떻게 구성하여 가입하였는지가 매우 중요하다. 보장범위가 큰 특약을 넣었는지, 가입금액은 적당한지, 해당 특약의 만기는 짧지 않은지, 선택특약 중 불필요한 특약은 없는지 등을 꼼꼼하게 살펴보아야 한다.(주문형 상품이란 가입자의 보험 니즈(Needs)를 적극적으로 수용하여 가입자 요구에 부응하는 가장 적합한 상품을 1:1로 제공하는 차별화된 맞춤형 복합 상품을 말한다. 가입자마다 상품 선택 시 불필요한 보장은 제외하고 필요한 조건만 제시할 수 있으므로 가입자에게는 매우 편리한 상품이다. 변액유니버설보험, 종신보험, 개인연금, 통합보험, 배상책임보험 등이 대표적인 상품이다.)

참고로 특약 만기의 경우 본계약의 만기와 동일하게 선택특약의 만기가 고정되어 있는 상품이 있고 기본계약 만기와 별개로 가입자가 해당 특약의 만기를 선택해 가입할 수 있도록 설계된 상품도 있으므로 자신에게 유리한 특약인지 잘 살펴보고 가입해야 한다.

주계약과 특약은
어떻게 다른가?

주계약

주계약(主契約, major insurance)이란 보험계약에서 가장 기본이 되는 중심적인 보장 항목과 내용에 대한 계약 제도로 주보험이라고도 한다. 해당 상품의 구조와 구성 내용 및 특징을 반영하고 결정하는 보통보험약관을 말한다. 보험계약은 일반적으로 주계약과 특약으로 구성되는데, 주계약은 생존 급부금이나 사망 급부금을 적립하는 데 필요한 요소로 이루어져 있다. 이러한 주계약의 보장 범위에 따라 특약의 보장 범위를 제한하거나 또는 제한할 수 있다.

주계약은 보험계약의 기본이 되는 부분이므로 주계약 없이는 보험가입 자체가 불가능하고, 따라서 일단 가입하면 보험기간 중에 주계약만 중도 해지하는 것은 불가능하다. 주계약을 해지하려면 보험계약 전체를 해지해야 한다.

주계약 자체만으로도 보험계약이 성립할 수는 있다. 그러나 다수 보험계약자들의 욕구를 모두 충족시킬 수 없으므로 보험회사들은 계약자들의 다양한 욕구에 맞추어 여러 가지 특약을 부가해 보험 상품을 조립하여 판매하고 있다.

특약

특약(特約, special contract)이란 주보험(주계약)에 부가하여 해당 상품의 구체적인 보장 내용에 대해 특별한 조건을 붙여 선택할 수 있도록 규정하는 특별계약을 말한다. 즉, 특약은 주계약(주보험)에 부가하여 보장을 추가하거나 또는 주계약(주보험)에서 보장하지 않는 보장 내용을 추가할 수 있도록 설계된 옵션을 추가하는 보험으로, 특별보통보험약관의 준말이다. 특약은 주계약에 부가되므로 특약만 독립적인 상품으로 판매하지는 않는다. 이러한 특약은 상대적으로 낮은 보험료로 큰 보장을 받을 수 있는 것이 특징이다.

특약은 부가 방법에 따라 상품 개발 시 주계약에 포함되어 있는 고정부가특약과 보험계약 시 계약자의 선택에 의해 가입할 수 있는 제도적 특약인 선택부가특약 등으로 구분된다.

고정부가특약은 의무특약으로서 주계약과 동일하게 보험계약 체결 시 반드시 가입해야 하는 강제적인 계약 조항이다. 선택부가특약은 보험계약 체결 시 가입자가 임의로 선택할 수도 있고 보험기간 중도에 특약만을 해지할 수도 있는 자율적인 계약 조항이다.

보험 상품 개발 시 종전에는 고정부가특약이 많았으나 근래에는 선택부가특약이 많다. 그 이유는 보험계약자가 필요에 따라 보장 내용을 마음대로 선택하고 자신의 경제적 여건에 따라 보험료 납입의 편의를 도모하며 부족한 보장을 선택해서 가입할 수 있도록 하기 위해서다.

특약의 부가는 기본형에서 보장되지 않는 부분에 대한 추가 보장을 약속하는 것으로서 계약자의 다양한 욕구를 만족시킬 수 있으므로 해당 상품의 효용성을 증대시키는 데에도 중요한 역할을 한다. 특약은 보험회사마다 다양하게 개발되어 판매되고 있으며 그 종류도 매우 많다. 일반적으로 부가되는 특약은 대체로 다음과 같다.

· 보험 상품의 부가특약 종류 ·

구분	부가 목적	종류
질병 관련 특약	질병 진단 확정, 입원, 치료, 간병, 사망 시 보장	실손 의료 특약, 유병력자 특약, 유족연금 특약, 1대·2대·3대·4대 질병 진단 특약, 성인병 특약, 암 특약, 부인과 질환 특약, 장기 간병 특약, 과로사 특약, 개호 보장 특약, 암 진단 보장 특약, 암 보장 특약, 특정 질병 보장 특약, 개호 보장 특약, 태아 특약, 뇌 질환 진단비 특약, 체증·체감 정기 특약 등
상해 관련 특약	신체상 상해나 장해 시 보상	재해 상해 특약, 어린이 상해 특약, 상해 입원 특약, 의료 실비 특약, 기본 생활비 특약, 자녀 상해 특약, 입원비 특약, 교통 상해 특약, 재해사망 특약, 상해 사망 특약, 여행자 특약, 정기 특약, 위험 담보 레저 특약, 소득 보상 특약, 골절 진단비 특약, 골절 후유 장해 특약, 손해 비용 특약 등
입원·수술 특약	질병 및 재해로 입원 또는 수술 시 보장	질병 수술비 특약, 암 입원 특약, 여성 입원 특약, 수술 보장 특약, 질병 입원 특약, 재해 입원 특약, 성인병 입원 특약, 입원 특약, 종신 입원 특약, 상해 치료비 보장 특약, 치료비 특약, 수술 특약, 어린이 입원 특약, 화상 진단비 특약, 치과 진료 특약 등

구분	부가 목적	종류
재해 특약	재해사망 또는 장해 시 보장(보상)	재해사망 특약, 재해 상해 특약, 휴일 보장 특약, 교통 재해 특약, 휴일 사망 특약, 화재보험 특약, 해외여행 특약, 산업재해 보장 특약, 배상책임 특약 등
보험료 관련 특약	보험료 할인 또는 서비스 제도	보험료 할인 특약, 자동이체 할인 특약, 감액 완납 특약, 건강 우대 특약, 우량체(건강체) 할인 특약, 계약 전환 특약, 연금 전환 특약, 연장 정기보험, 표준미달체 계약, 체감 정기 특약, 단체 취급 특약, 비흡연자 할인 특약, 선지급 서비스 특약, 보험료 자동 대출 납입 특약, 다자녀 가정 할인 특약, 기초생활수급자 할인 특약, 부부 특약, 기존 가입자 할인 특약, 저소득층 및 장애인 가족 할인 특약, 부부 가입 할인 특약, 효도 할인 특약 등
자동차 보험 관련 특약	자동차 사고 발생 시 보상	운전자 특약, 무보험 상해 특약, 가족 운전자 한정 특약, 개인 차 특약, 자동 갱신 특약, 무사고 할인 특약, 보험가입 경력 할인 특약, 블랙박스 할인 특약, 전방 충돌 장치 할인 특약, 차선 이탈 장치 할인 특약, 카드 특약, 위험물 특약, 도로 주행 시험 특약, 유상 운송 특약, 마일리지 할인 특약, 연령 특약, 자녀 할인 특약, 벌금 및 교통사고 처리 지원금 특약, 벌금 특약, 형사 합의금 특약, 변호사 선임 비용 특약, 제휴 카드 할인 특약 등
기타 특약	상기 이외의 특별한 보장 목적을 가진 특약	가족 수입 특약, 정기 특약, 사후 정리 특약, 생활 안전 보장 특약, 계약 전환 특약, 배우자 보장 특약, 여명 급부 특약, 교통사고 사망 특약, 생활 재해사망 특약, 생활 배상책임 특약, 의료사고 법률 비용 특약, 부양자 특약 등

보험안내자료는
어떤 효력을 갖나?

보험 상품은 위험을 대상으로 하는 무형의 추상적인 상품이고 내용
또한 어려워서 일반 사람들이 보험의 효용 가치를 직접 느끼기가 매우
힘들다. 보험 상품의 근간이라고 할 수 있는 약관 내용을 보면 도대체
무슨 뜻인지 모르겠다는 사람들이 많다.

그것은 보험 상품이 대수의 법칙과 수지 상등의 원칙, 경험생명표의
사용 등 고도의 전문적인 보험 수리와 과학적인 기술을 토대로 만들어
지기 때문이다. 그리고 일반 상품과 달리 사람의 생사(生死)나 재물의
손해 등 위험을 담보로 하여 계약이 성립되기에, 신의 성실의 원칙에
입각하여 상품 개발과 판매, 가입과 유지가 이루어져야 하므로 이에 관
련된 법규도 매우 많다. 민영보험은 비록 영리를 추구하지만 사회보장
의 보완 역할도 수행하고 있기 때문이다.

그래서 일반인들에게는 약관의 내용이 매우 복잡하고 난해하게 보인

다. 또한 보험의 특수한 성격상 보험 상품을 스스로 가입하는 사람들이 많지 않다. 이러한 까닭으로 보험계약의 체결은 결코 쉽지 않으며, 따라서 보험 상품의 판매를 전담하는 보험설계사와 보험대리점 등 전담 모집 조직 및 고객들이 상품을 잘 이해할 수 있도록 약관의 보조적인 역할을 하는 보험안내자료가 절실히 필요하다.

보험안내자료는 보험회사에서 보험 모집 활동을 원활히 하고 또한 일반인들이 쉽게 이해할 수 있도록 만든 각종 자료를 말한다. 보험안내자료에는 상품안내장, 보험가입설계서 등 보험가입안내서와 방송, 광고, 컴퓨터 통신, 인터넷 사이트 등 여러 가지 홍보물이 있다.

보험안내자료는 보험계약자가 좀 더 쉽게 이해할 수 있도록 제조업체의 제품 카탈로그와 같이 다양한 그림과 도표, 글꼴, 색상 등을 사용하여 깔끔하게 제작해 시각적 효과를 높이고 있다. 특히 상품안내장이나 보험가입설계서 등은 해당 보험약관의 축소판이므로 보험 상품의 특징과 가입 안내, 보장 내용, 보험금 지급 방법 및 지급 기준, 상품 예정이율, 해약환급금 예시표, 가입 시 주의 사항 등을 일목요연하게 정리해놓았다.

대부분의 보험가입자들이 보험약관보다는 해당 상품의 보험안내자료를 보고 보험을 가입하는 성향이므로 보험업법에서는 보험안내자료가 불성실하게 만들어져서 보험가입자들이 예상치 못한 불이익을 받아 선의의 피해가 발생하지 않도록 엄격하게 규제하고 있다.

간혹 보험 영업의 일선에 있는 지점(영업국)이나 영업소에서 보험설계사 교육용으로 만들어진 자료를 보험설계사들이 액면 그대로 고객에게 제시하며 상품을 설명하는 경우가 있는데, 이러한 자료는 보험안내자료가 아니므로 효력이 발생하지 않는다.

보험설계사나 영업 관리자가 만기환급금이나 수익률, 보장 내용 등을 허위로 게재한다거나 다른 회사의 보험 상품을 비방하는 내용을 임의로 기재하여 보험안내자료를 만들 경우에는 보험계약자가 고스란히 그 피해를 당할 수 있다. 따라서 감독 당국에서는 보험가입자가 그러한 피해를 당하지 않도록 보험안내자료를 작성할 때 그 내용을 위반하였을 경우에는 다음과 같이 규제하고 있다.

보험안내자료 작성 위반 시 제재사항

1. 보험안내자료를 부실하게 기재하거나 기재하지 말아야 할 사항을 기재하는 등 위반행위를 한 보험회사에게 5,000만 원 이하의 과태료 부과

2. 보험안내자료를 부실하게 기재하거나 기재하지 말아야 할 사항을 기재하여 독단적으로 사용하는 등 위반행위를 하여 보험모집을 한 자에게 1,000만 원 이하의 과태료 부과

보험안내자료는 해당 보험사가 매긴 일련번호(해당 회사에서 발급되는 승인번호)가 있고, 다음과 같은 내용이 반드시 기재되어야 그 효력을 발생한다. 또한 다음과 같은 내용은 기재하면 보험가입자를 현혹하는 것으로 되므로 규제를 받게 된다.

• 보험안내자료 주요 기재사항 및 기재금지 사항 •

주요 기재 사항	공통 사항	· 소속보험사업자의 상호나 명칭 또는 보험설계사나 보험대리점 또는 보험중개사의 이름·상호나 명칭 · 보험가입에 따른 권리·의무에 관한 주요 사항 · 보험약관에서 정하는 보장에 관한 사항 · 보험금이 금리에 연동되는 보험 상품의 경우 적용금리 및 보험금 변동에 관한 사항 · 보험 상품별 보험금 지급 제한 조건 및 해약환급금에 관한 사항 · 보험 상담 및 분쟁의 해결 등 예금자보호와 관련된 사항 · 청약철회 청구제도 안내 · 청약서 자필서명 미이행, 보험약관 및 청약서 미전달 시 보험료 환급에 관한 사항(3대 기본 지키기) · 보험사업자의 보험 상담 안내 및 금융감독원의 분쟁조정제도 안내 등
	변액 보험	· 최저로 보장되는 보험금이 설정되어 있는 경우 그 내용
기재 금지 사항		· 결산서류에 기재된 사항과 다른 내용의 자산과 부채에 관한 사항 · 장래에 있을 이익의 배당 또는 잉여금 배분에서 예상에 관한 사항(단, 보험계약자에게 배당해주는 연금보험의 경우 지난 5년 동안의 실적을 근거로 장래 계약자배당을 예시할 수 있으며 이 경우 장래의 계약자 배당금액은 예상금액이므로 실제 금액과 차이가 있을 수 있음을 명시해야 한다) · 보험계약의 내용과 다른 사항 · 보험계약자에게 유리한 내용만을 골라 안내하거나 다른 보험회사 상품과 비교한 사항 · 확정되지 않은 사항이나 사실에 근거하지 않은 사항을 기초로 다른 보험회사 상품에 비하여 유리하게 비교한 사항 · 특정 보험계약자에게만 혜택을 준다는 등의 불공정거래 행위로 볼 수 있는 내용 등

198

4장

알쏭달쏭 정말 궁금한 보험 풀이

"은행은 날씨가 맑을 때 우산을 빌려준다. 그렇지만 비가 오려고 하면 우산을 돌려받는 다. 그러나 보험회사는 날씨가 맑을 때 우산을 보관한다. 그리고 비가 오면 우산을 돌려 준다." – 마크 트웨인

보험회사는 왜 보험료 중 일부를 사업비로 쓰나?

보험에 대해 어느 정도 아는 사람은 한 번쯤 다음과 같은 생각을 하며 자못 궁금해할 것이다.

'은행이나 농협, 금고 등 금융기관에 예금이나 적금을 들면 고객이 예금한 돈의 원금은 가만히 있기 때문에 바로 해약해도 원금은 나온다. 또 이런 금융기관은 이 원금을 운용해 발생한 투자 수익을 갖고 종업원의 월급 등 회사 운영에 필요한 자금을 충당하는데, 왜 보험회사는 그렇게 하지 않는 걸까? 즉, 고객이 낸 돈(보험료)의 일부를 왜 사업비로 사용하는 걸까? 이 때문에 해약환급금이 적고 보험회사들의 이미지도 별로 좋지 않은 것 아닌가?'

이는 사실이다. 다른 금융기관들은 고객이 예금한 돈을 잘 굴려 거기서 발생한 투자 수익을 가지고 회사를 운영하고 주주들에게 주식을 통해 이익을 배당해주기도 한다. 그러나 보험회사는 고객이 납입한 돈(보험료) 중 일부를 아예 사업비(부가보험료)로 따로 떼어 회사 운영비로 사용한다. 그리고 나머지 돈(순보험료, 즉 책임준비금)을 굴려서 보험사고 발생 시에는 사망보험금을 지급하고 생존 시에는 축하금이나 연금, 치료 자금 및 만기보험금 등을 지급한다.

그런데 보험회사가 은행처럼 수익의 범위 내에서 사업비를 책정하지 않는 데에는 크게 2가지 이유가 있다.

첫째, 은행에서는 원리금이 나가는 반면 보험회사에서는 보험금이 나간다.

은행이 하는 일은 거의 대부분이 여·수신업무다. 참고로 여신업무란 금융기관에서 대출, 보증, 투자 등 자금을 빌려주는 업무를 말하며, 수신업무란 은행이 예금(정기예금, 적금 등), 은행채 발행 등 외부로부터 자금을 빌려 오는 업무를 말한다. 은행은 예금을 받아 대출해주는 예대 마진 차로 운영되는 제1금융권 기관이다. 오로지 돈을 잘 굴려 이익만 많이 내면 되고 그 이익 범위 내에서 운영만 잘하면 된다.

예를 들어 고객이 연이율 3%로 100만 원을 예금했다고 하자. 은행은 이 돈을 잘 굴려서 이익을 내기 위해 대출, 주식, 펀드 등에 투자를 한다. 고객에게 돈을 빌려줄 때는 연이율 약 7%(여신 금리)로 대출해주어 여·수신 금리의 차가 약 4%(수신 금리)가 나도록 한다.(이를 예대 마진 차 또는 예대 차라 한다.) 이로써 4%의 이익, 즉 예대 마진이 발생한다. 따라서 은행은 투자 수익이 적을 것 같으면 대출 금리를 올리거나 혹은 거꾸로 예금 금리를 내려서 은행의 운영에 필요한 자금(사업비)을 마련한다. 이 와 같이 은행은 대부분 예금 금리(수신 금리)와 대출 금리(여신 금리)의 차이로 회사를 꾸려나가는 것이다.

한편, 보험회사는 제2금융권기관(비은행 금융기관)이다. 은행이나 다른 비은행 금융기관과 마찬가지로 돈을 잘 굴려 이익을 많이 내서 생존보험금의 수익을 높여야 하지만, 보험사고로 보험금 지급 사유가 발생할 경우 고액의 보험금도 지급해줘야 하는 이중 부담을 안고 있다.

생존보험금이 은행과 같은 방식으로 적립 및 운영된다 할지라도 사망보험금은 다르다. 만약 사고가 발생하여 사망보험금이 많이 나가면 적자가 너무 커지므로 보험료를 올려서 이 적자의 폭을 메워야 한다.

그리고 금리가 변동되면 투자 수익이 떨어지기 때문에 은행처럼 상품의 이율을 내리거나 올려서 조정해야 하겠지만, 보험의 경우 금리가 변동된다고 해서 계약 중간에 보험료를 변경할 수 없다.(갱신 계약 또한 상호 약정하에 성립된다.) 보험을 계약할 당시 보험회사와 보험계약자 쌍방 간에 앞으로 얼마의 보험료를 거둬들이고 또 얼마의 보험금을 지급할 것인지 미리 약속했기 때문이다. 계약 기간 중에 부득이하게 보험료를 올려야 할 상황이 발생했다고 해서 모든 계약자에게 보험료를 올려 받겠다는 것은 현실적으로 곤란하다. 해약을 하면 했지 적극 찬성하며 도장을 찍어줄 계약자는 아마도 거의 없을 것이기 때문이다.

이처럼 보험은 위험 발생 시의 경제적 손실 보장을 주된 목적으로 하면서 거둬들인 보험료의 안정적 운영도 중요시하므로 은행과 달리 보험료 계산 방법이 매우 복잡하다. 보험회사는 투자 수익도 올려야 하지만 보험금도 안정적으로 지급해야 하는 것이다. 따라서 모든 보험 상품에는 향후 얼마의 투자 수익이 발생할 것인지 예정이율로 환산한 저축보험료와 향후 얼마만큼의 위험 사고가 발생하여 보험금이 얼마나 지급될 것인지 예정사망률로 환산한 위험보험료, 그리고 보험회사의 운영에 필요한 부가보험료가 존재한다.

둘째, 은행은 투자 수익을 올려주는 저축 기관이지만 보험회사는 위험 보장 서비스 기관이다.

은행은 내가 낸 돈을 은행이 대신 운용하여 투자 수익을 높여주는 저축 기관이고, 보험은 내가 낸 보험료로 보험기간 동안 위험 보장에 대한 서비스를 받는 기관이다. 만약 사람들에게 "보험에 가입할 때 불행한 일을 당해 보험금을 수령하는 것이 좋은가, 아니면 만기까지 아무 탈 없이 편안히 생활하는 것이 좋은가?"라고 물어본다면 탈 없이 편하게 사는 것이 훨씬 더 낫다고 누구나 한결같이 대답할 것이다. 이런 질문을 하는 사람을 오히려 힐책할지도 모른다. 당연히 맞는 말이다. 아무리 수억 원의 보험금이 나온다 한들 건강하게 살아 있는 것과 감히 비교가 되겠는가!

그렇다면 왜 보험에 가입하라고 권하는 것일까? 이는 만약 발생할지도 모를 불행한 사고에 만반의 대비를 하기 위해서다. 불행한 사고가 언제 어디서 닥칠지 모르는데 이에 대한 경제적 준비를 소홀히 했다면, 그 결과(가족의 장래 생활)가 어떨지는 상상하기도 싫을 것이다. '개똥밭을 굴러도 이승이 낫다'는 말이 있지 않던가.

보험은 가입자가 보험에 가입해 있는 기간 동안에 위험을 관리해주는 역할을 대행한다. 즉, 안심하고 살아갈 수 있도록 위험 관리 서비스를 해주는 것으로서 계약자가 보험료를 내는 것은 그러한 서비스에 대한 보답으로 안심료를 지불하는 것이라고 할 수 있다. 부가보험료는 위험 관리를 해주는 대가로 지불하는 서비스 요금인 셈이다.

보험의 탄생 초기에 선진국에서는 지금처럼 고객이 낸 돈 중 일부를 사업비(부가보험료)로 사용하는 것이 아닌, 고객에게 전부 돌려주는 방식(순보험료)으로 영업을 하기도 했다. 그런데 경기 변동이 심해지고 각종 위험 사고가 나날이 증가하면서 보험금 지급 건수가 늘어나자 적자 폭이 늘어만 갔다.

그럼에도 보험의 특성상 기존 계약자를 상대로 예정이율을 내리거나 예정사망률을 올려 잡아서 추가 보험료를 받을 수는 없었기에 신규 가입자에게만 인상된 보험료를 적용했다. 하지만 결국 더 이상 운영할 재간이 없어진 보험회사들은 모두 문을 닫아야 했고, 이로 인해 계약자들은 엄청난 손해를 보았다. 그러한 전철을 밟지 않기 위해서 오늘날의 보험회사들은 현재와 같이 보험료에 사업비를 포함하게 된 것이다.

보험료에는
왜 료(料) 자가 붙을까?

은행에 저축할 때 내는 돈을 불입금 또는 납입금이라고 한다. 그런데 보험에 가입해 매달 돈을 낼 때에는 납입금이라 하지 않고 보험료라고 한다. 이처럼 보험료에는 왜 '료'라는 표현이 붙는 것일까?

은행 상품에 가입하는 사람은 자신이 낸 돈(예금)을 잠시 은행에 맡겨서 맡긴 기간 동안 이익을 발생하게 하는 것, 즉 투자 수익을 목적으로 한다. 그러나 보험 상품에 가입하는 사람은 자신이 보험회사에 맡긴 돈(보험료)으로 보험기간 동안 위험한 사고를 당했을 때 그 손실액을 보상해주는 것, 즉 안심하고 생활하기 위한 위험 보장을 목적으로 한다. 다시 말해, 보험가입자가 내는 돈은 보험 상품이 위험을 사전에 예방해주고 보장해주는 서비스의 대가로 지불하는 안심료(安心料, security charge)인 셈이다. 그래서 단어 끝에 '료'가 붙는다.

료 자는 주로 봉사에 대한 대가로 지불되는 대금을 칭할 때 쓰인다. 시청료(TV 수신료), 전기료, 수도료, 가스료, 이발료, 수수료, 상담료, 임대료, 봉사료 등도 마찬가지다. 지불하는 돈이 단순히 투자 수익을 목적으로 운영되는 것이 아니라 서비스에 대한 대가로 지불하는 수고 비용(가격)에 해당한다.

이와 같이 보험료는 안심 서비스를 받는 대가로 지불하는 금액인 까닭에, 보험가입 후 중도에 해약하게 되면 위험에 대해 그동안 안심 서비스를 받은 부분에 해당하는 돈(사업비)은 찾지 못하게 된다. 그러다 보니 납입기간에 따라서는 해약환급금이 원금보다 더 작거나 때로는 아예 못 찾는 경우도 발생한다. 그래서 보험료를 영어로는 premium(프리미엄)이라고 한다. 위험 보장을 받는 대신 원금(책임준비금)에 서비스료로 웃돈(사업비)을 얹어준다는 개념인 것이다.

보험 상품에는 은행 상품과 달리 상품의 가격인 보험료, 즉 보험계약자가 내는 보험료에 보험회사의 운영에 필요한 사업비가 일정 부분 포함되어 있다. 은행의 예금이나 적금 등은 고객이 직접 금융 상품을 가입하기 위해 은행 창구로 오지만, 보험 상품은 그 특성상 고객이 직접 가입하기보다는 보험설계사나 보험대리점, 보험중개인 등의 전문 모집 조직을 매개체로 하는 상담 판매가 수반되어야 하는 상품, 즉 팔리는 상품이 아닌 파는 상품이다.

물론 인터넷, 홈쇼핑 등을 통해서도 판매가 이루어지지만 대부분은 오프라인을 통해 판매된다. 따라서 보험 상품을 판매하는 모집 조직에 대한 모집(판매) 수수료와 보험회사 내근 조직의 인건비, 보험계약에 대한 유지·관리비 등 제반 경비(사업비)가 필요하게 된다.

결과적으로 보면 은행이든 보험이든 사업비의 집행 방법은 비슷하다. 다만 보험은 언제 어느 때 발생할지 모를 위험(사고)으로 인한 손해를 보상해야 하므로 미리 적정한 경비를 가산하고, 은행은 안정적인 금리 수준을 미리 책정하여 초과하는 자산 운용에 대한 수익 금액을 이원(利元)과 경비로 구분하여 나중에 집행한다.

명심할 점은, 보장성보험은 저축이 아닌 가정의 행복망 구축을 위한 지출이라는 사실이다. 즉, 매달 내는 보험료에 대해 한 달간 나와 우리 가정의 행복 그리고 안정을 위해 투자한 소비성 안심료라고 여겨야 한다. 그래야만 부득이한 사유로 말미암아 보험을 중도 해약해 환급금이 설령 원금보다 터무니없이 적게 나오더라도 속이 상하거나 분노가 치솟지 않는다. 보험료에 료 자가 붙은 까닭을 유념할 필요가 있다.

청약 시 고지 의무의 범위는
어디까지인가?

다음의 사례를 살펴보자.

보험가입 시 가입자는 자신이 당뇨병을 앓고 있다고 보험설계사에게
이야기했다. 그러나 보험설계사는 상관없다며 계약을 권유했고, 가입
자는 보험설계사의 말만 믿고 병력 사항을 청약서의 고지 의무란에 기
재하지 않은 채 보험에 가입했다.

그런데 최근 가입자는 뇌경색으로 우측 전신마비와 실어증이 수반되
어 제1급 장해 진단을 받고 보험회사에 장해보험금의 지급을 청구했다.
그러나 보험회사 측은 보험가입 시 질병(당뇨병)이 있다는 사실을 계약
서에 명기하지 않았으므로 이는 고지 의무 위반에 해당된다면서 보험
금 지급 거절을 통보했다. 가입자는 보험계약 시 보험설계사에게 자신
의 병력을 말했으며 뇌경색에 걸린 것은 아들이 사망한 충격 때문인 만
큼 보험금을 지급해달라고 거듭 주장했다.

이 경우 보험가입자는 보험금을 받을 수 있을까? 안타깝게도 보험금을 수령할 수 없다. 보험설계사에게만 구두로 자신의 질병을 말한 것은 보험계약 때의 고지 의무를 다한 것으로 인정되지 않기 때문이다. 보험가입자는 자신의 건강, 재산 상태 등에 대해 보험계약서에 사실대로 명시해야 하는 고지 의무가 있으며, 이 같은 의무를 다하지 않았을 경우 보험회사는 보험계약을 해지하고 보험금 지급을 거절할 수 있다.

또 당뇨병은 대개 고혈압을 거쳐 뇌경색으로 진행되는 것이 일반적이므로 가입자의 뇌경색은 당뇨병에서 비롯되었다고 인정된다. 만약 가입자가 보험 청약서에 당뇨병을 명시했다면 보험회사는 가입자의 장해 위험이 보통 사람보다 월등히 높다고 판단하여 보험료를 더 높게 책정하거나 아예 계약을 거부할 수도 있었으나 가입자가 이를 알리지 않아 불리한 계약을 맺은 만큼, 이 계약 전부를 해지하지 않을 수 없다.

보험계약 시에는 진단 결과 후 추가 검사를 받았을 경우 이를 보험회사에 반드시 알려야 한다. 다만, 최근 5년 이내에 정밀 검사를 받았는지의 여부는 고지 대상에서 제외된다. 제왕절개도 수술에 해당되는 것으로 고지 의무의 대상이다. 상해보험은 현재 취급하는 업무뿐 아니라 종사 업종을 운송업이나 판매업, 건설업, 농림어업, 광업 등으로 구체적으로 알려야 한다. 최근 1년 이내에 사고 위험이 큰 취미를 어느 정도로 자주 하는지, 관련 자격증이 있는지와 가입 후 3개월 이내에 해외 위험 지역으로 출국할 계획이 있는지도 알려야 한다.

그러나 실손의료보험에 가입할 때 다른 보험회사의 동일 상품 또는 유사한 상품에 가입 중인지 정확히 알리지 않았다는 이유로 보험회사가 나중에 계약을 해지하거나 보험금 지급을 거절할 수는 없다. 소비자는 자신의 보험가입 현황을 정확히 모를 수 있는데 보험회사가 이를 고지 의무 위반으로 보고 불이익을 주는 것은 부당하기 때문이다.

계약자 또는 피보험자는 청약할 때(진단 계약의 경우에는 건강진단을 할 때) 청약서에서 질문한 사항에 대하여 알고 있는 사실을 반드시 사실 그대로 알려야 한다. 단, 진단 계약에서 의료법 제3조(의료 기관)의 규정에 따른 종합병원과 병원에서 직장 또는 개인이 실시한 건강진단서 사본 등 건강 상태를 판단할 수 있는 자료로 건강진단을 대신할 수 있다.

보험회사는 계약자 또는 피보험자가 계약 전 알릴 의무에도 불구하고 고의 또는 중대한 과실로 중요한 사항에 대하여 사실과 다르게 알린 경우에는 회사가 별도로 정한 방법에 따라 계약을 해지하거나 보장을 제한할 수 있다. 이 경우 보험회사는 계약 전 알릴 의무 위반 사실뿐만 아니라 계약 전 알릴 의무 사항이 중요한 사항에 해당되는 사유 및 계약의 처리 결과를 "반대 증거가 있는 경우 이의를 제기할 수 있다"라는 문구와 함께 계약자에게 서면 등으로 알려야 한다.

그리고 이에 따라 계약을 해지했을 때에는 제32조(해지환급금) 제1항에 따른 해지환급금을 지급하며, 보장을 제한했을 시에는 보험료, 보험가입금액 등을 조정할 수 있다. 그러나 계약 전 알릴 의무를 위반한 사실이 보험금 지급 사유 발생에 영향을 미쳤음을 보험회사가 증명하지 못한 경우에는 계약의 해지 또는 보장을 제한하기 이전까지 발생한 해당 보험금을 지급해야 한다. 또한 보험회사는 다른 보험가입 내역에 대한 계약 전 알릴 의무 위반을 이유로 계약을 해지하거나 보험금 지급을 거절할 수 없다.

단, 계약 전 알릴 의무를 위반했더라도 보험회사가 계약을 해지하거나 보장을 제한할 수 없는 경우가 있는데 이는 다음과 같다.

① 보험회사가 계약 당시에 그 사실을 알았거나 과실로 인하여 알지 못했을 때

② 보험회사가 그 사실을 안 날로부터 1개월 이상이 지났거나 또는 보장 개시일로부터 보험금 지급 사유가 발생하지 않고 2년(진단 계약의 경우 질병에 대해서는 1년)이 지났을 때

③ 계약을 체결한 날로부터 3년이 지났을 때

④ 보험회사가 계약의 청약을 피보험자의 건강 상태를 판단할 수 있는 기초 자료(건강진단서 사본 등)에 따라 승낙한 경우로, 건강진단서 사본 등에 명기되어 있는 사항으로 인해 보험금 지급 사유가 발생했을 때(단, 계약자 또는 피보험자가 회사에 제출한 기초 자료의 내용 중 중요 사항을 고의로 사실과 다르게 작성한 때에는 계약을 해지하거나 보장을 제한할 수 있음)

⑤ 보험설계사 등이 계약자 또는 피보험자에게 고지할 기회를 주지 않았거나 계약자 또는 피보험자가 사실대로 고지하는 것을 방해했을 때, 계약자 또는 피보험자에게 사실대로 고지하지 않게 했거나 부실한 고지를 권유했을 때(단, 보험설계사 등의 행위가 없었다 하더라도 계약자 또는 피보험자가 사실대로 고지하지 않거나 부실한 고지를 했다고 인정

되는 경우에는 계약을 해지하거나 보장을 제한할 수 있음)

　참고로 사기에 의한 계약일 경우, 즉 계약자 또는 피보험자가 대리 진단, 약물 사용을 수단으로 진단 절차를 통과하거나 진단서 위·변조 또는 청약일 이전에 암 또는 인간면역결핍바이러스(HIV) 감염의 진단 확정을 받은 후 이를 숨기고 가입하는 등 뚜렷한 사기 의사에 의해 계약이 성립되었음을 보험회사가 증명하는 경우에는 보장 개시일로부터 5년 이내(사기 사실을 안 날로부터 1개월 이내)에 계약을 취소할 수 있다.

보험료는 언제까지 내야 효력이 발생하나?

보험에 가입하면 2회 이후의 보험료를 계속 내야 하는데 이를 계속보험료라고 한다. 보험료 납입 방법을 어떤 것으로 선택했든, 생명보험이나 가계성 손해보험 그리고 공제 상품은 해당 월 보험료를 약정한 납입일자의 다음 달 말일까지 내면 된다. 이렇게 보험료를 해당 월에 납입하지 않고 그다음 달의 말일까지 납입해도 보험계약이 유지되도록 한 기간을 보험료 납입 유예기간이라고 한다.(법률적으로는 보험계약자가 보험료를 납입하지 않았을 경우 보험회사가 법률상의 일정한 조치를 취하기 전 보험계약자에게 보험료 납입을 재촉하는 통지기간을 의미하며 이를 납입최고기간이라고 한다.)

보험료 납입 유예기간은 보험계약자가 보험료를 깜빡 잊고 제날짜에 내지 못했다거나 약정 일자까지 보험료를 마련하지 못한 경우 등 부득이한 사유로 인하여 보험료가 연체되었을 때 유예기간을 주어 해당 유예기간 안에만 보험료를 내면 계약을 유지해주는 서비스 제도다.

그런데 자동차보험의 경우 보험료 납입 방법으로 일시납이 아닌 분할 납입 특약을 선택하여 가입했을 때는 2회 이후의 분할 보험료는 약정한 납입 일자로부터 30일 안에 납입해야 한다. 납입 유예기간 말일까지 분할 보험료가 납입되지 않을 경우에는 납입 유예기간(납입최고 기간) 말일의 24시부터 보험계약이 해지된다. 즉, 납입최고 기간에 보험료를 납입하지 않으면 책임보험(대인배상Ⅰ)을 제외한 대인배상Ⅱ, 대물배상, 자손사고배상, 자차사고배상, 무보험차 상해보상 등의 자동차종합보험 계약은 해지되며 그렇게 되면 해지 이후에 발생한 사고에 대해서는 일절 보상을 받지 못하게 된다. 그러나 분할 납입인 경우에는 최대 6회까지 분납이 가능하고, 최장 4개월까지 보험료 납입 유예가 가능하다.

그리고 보험료 납입 유예기간에 사고가 났을 경우 분할 보험료나 갱신 보험료의 납입 유예기간 중에 발생한 사고는 보상해준다. 다만 사고 발생일 현재 갱신 계약 내용의 전부 또는 일부가 중복되는 다른 자동차 보험이 있을 경우에는 보상하지 않는다는 점을 유념할 필요가 있다.

보험사고란
어떤 사고를 말하나?

보험사고란 보험금의 지급을 발생시키는 사고로서 보험계약에서 보험회사의 보험금 지급 책임을 구체화한 사고를 말한다. 즉, 어떤 사실의 발생을 조건으로 보험금의 지급을 약정한 위험을 의미하므로 보험금의 지급 대상이 아닌 사고는 보험사고라고 할 수 없다.

일반적으로 보험사고가 되려면 ① 우연히 발생해야 하고, ② 사고발생의 가능성이 있어야 하며, ③ 사고가 언제 발생할지 알 수 없어야 하며, ④ 사고에 따른 손해액이 어느 정도가 될지는 잘 모르지만 상당한 수준에서 예측할 수 있어야 하고, ⑤ 보험의 목적에 대하여 일어나는 일정한 사고여야 하는 등의 요건이 충족되어야 한다.

그런데 생명보험의 경우 만기보험금의 지급, 노후 시 개인연금의 지급, 자녀의 학자금 지급, 정기적인 생활비 지급과 같이 보험금 지급 사유의 발생 가능성이 확정되어 있는 경우도 있다. 따라서 앞에서 설명한 보험사고는 손해보험, 상해보험, 생명보험 등의 보장성보험이나 질병

보험에서 각종 위험 발생 시 보험금의 지급 대상이 되는 사고를 의미한다고 할 수 있다.

보험사고 시 손해액의 예측과 관련해서는 생명보험과 손해보험 간의 견해에 약간의 차이가 있다. 손해보험은 원칙적으로 실손보상이기 때문에 손해액의 예측은 보험사고 여부를 판단하는 데 중요한 요소다. 반면, 생명보험에서는 정액보상을 하기에 손해액의 예측이 중요시되지 않는데, 이는 손해액 예측이 필요 없어서가 아니라 사람의 생명에 대해선 그 가치를 금액으로 매길 수 없기 때문이다. 하지만 질병 발생 시와 같이 그로 인해 발생할 비용은 어느 정도 예측할 수 있다.

보험사고가 발생하는 경우 그 계약은 더 이상 효력을 갖지 않는 것이 원칙이나, 질병보험이나 상해보험 등과 같이 보험사고로 인한 보험금 지급액이 일정 수준에 도달할 때까지는 계속 계약이 유지되는 경우도 있다.

보험사고가 발생하면 보험계약자나 피보험자, 보험수익자 등 보험가입자는 보험계약에 따라 보험회사가 보험사고를 입증할 수 있는 관련 서류를 제출해야 보험금을 지급받을 수 있다. 이때 보험회사는 보험가입자가 제출한 서류의 내용에 따라 사고 조사를 하여 하자가 없을 경우에 보험금을 지급한다.

보험사고의 입증 서류에는 일반적으로 ① 보험사고의 발생 시기, ② 보험사고의 발생 원인, ③ 사고로 손해를 입은 재산이나 생명에 대한 보상

금액, ④ 보험금 수익자 지정 여부, ⑤ 손해보험의 경우 다른 보험회사에 중복 가입 여부 등이 포함되어야 한다. 이러한 입증 서류는 가입한 보험 상품에 따라 다소 다른데, 손해보험의 경우 피보험자가 보험금의 지급을 청구할 때에는 보험금 청구서와 함께 손해액을 증명하는 서류나 증거도 제출해야 한다.

일반사망과 재해사망의 차이점

보험금 지급 사유가 되는 사망의 유형은 크게 4가지로, 담보대상에 따라 생명보험은 일반사망과 재해사망으로 구분하고 손해보험은 질병사망과 상해사망으로 구분한다. 손해보험의 상해사망은 생명보험의 재해사망의 범주에 들어가고 질병사망은 일반사망의 범주에 들어간다. 따라서 일반사망이 재해사망보다 범위가 더 큰 개념이다.

일반사망은 사고의 원인을 불문하고 모든 보장을 담보로 하는 사망을 말한다. 구체적으로 일반사망은 질병이나 노환, 치매, 즉 신체상의 결함(신체 내부적인 원인)으로 인하여 사망하는 자연사를 말한다. 자살의 경우도 일반사망에 해당하며 보험에서는 보험계약 후 2년이 경과하면 일반사망 보장의 대상으로 인정하고 있다.

재해사망은 일반사망을 제외한 재해가 원인이 되는 사망으로서 외부의 충격으로 사망하는 모든 경우의 사망을 말한다. 구체적으로 재해사망은 교통사고, 추락사고, 감전사고 및 태풍, 폭우 등의 자연재해 등 외부로부터 우연히 급격한 충격이 신체에 가해지는 사고로 인하여 사망하는 경우를 가리킨다. 재해사망은 일반사망보다 폭이 좁으며, 사망 원인을 알 수 없는 경우(돌연사 등)나 기존에 가지고 있던 질병이 사고로 악화되어 사망하는 경우 등 사안에 따라서는 보험의 보장 대상이 되지 않거나 사망에 기여한 정도에 따라 제한될 수 있다.

똑같은 심장마비라도 상태에 따라 재해사망과 일반사망으로 나뉘는데, 사고에 따라서는 이를 구분하기가 매우 모호할 때도 있다. 일반사망과 재해사망의 판단 기준이 중요한 까닭은 사망 시 지급되는 보험금의 규모가 크게 다르기 때문이다. 동일한 보험 상품인데도 재해사망이냐 또는 일반사망이냐에 따라 보험금 규모가 몇 배 이상 차이가 난다. 어떤 상품은 10배 이상 차이가 나는 경우도 있다. 그만큼 사망의 유형이 무엇인가를 판단하는 것은 매우 중요하다.

이는 사람의 생사를 담보로 하여 계약이 체결되는 모든 생명보험과 상해보험 상품에 해당된다. 대부분의 상품이 재해사망 시에는 많은 액수의 보험금을 지급하도록 설계되어 있으나 일반사망 시에는 지급 보험금이 대체적으로 적다. 따라서 보험을 가입할 때는 반드시 재해사망과 일반사망을 구분하는 기준을 알아둬야 한다. 보험사고 발생 시 이러한 사실을 미리 알고 있는 것은 보험 분쟁 시에 많은 도움이 된다. 발생한 사고가 재해사망인가 혹은 일반사망인가를 판단하고자 할 때는 다음의 사항을 참고하면 된다.

재해사망에 해당하는 경우

- 산소에 벌초하러 갔다가 벌에 쏘여 사망
- 등산을 가서 산을 내려오다 발을 잘못 디뎌서 굴러떨어져(돌부리에 걸려 넘어져) 사망
- 음식물을 먹다가 기도가 막혀 사망
- 길을 가다가 날아온 돌에 맞아 쓰러져 뇌출혈로 사망
- 잘못하여 독극물을 마셔서 사망
- 수영 중 익사
- 건물 계단을 올라가다가 굴러떨어져 사망
- 길을 가다가 차에 치여 사망
- 래프팅(급류 타기) 중 사망
- 씨름을 하다가 뇌진탕으로 사망
- 다이빙을 하다가 심장마비로 사망
- 얼음에 미끄러져 사망
- 수술을 했다가 마취에서 깨어난 후 사망
- 밤중에 골목에서 떼강도를 만나 맞아서 사망
- 술을 마시고 집에 가다가 발을 헛디뎌서 낭떠러지로 굴러떨어져 사망
- 해상에서 그물 투망 작업 중 추락사고로 사망
- 교통사고로 입은 부상을 치료하기 위해 마취를 하던 중 심장 발작을 일으켜서 사망

- 폭염이 전국적으로 이어지는 상황에서 피할 방법이 없는 직접적 사인으로 사망
- 관광버스를 타고 놀러 가다가 버스가 추락해 사망
- 졸음운전이나 음주운전을 하다가 가드레일을 들이받아 사망(단, 음주운전은 보험회사 상품 약관에 따라 보상되지 않을 수도 있음)
- 지진이 발생해서 건물이 무너져내려 사망(단, 지진은 천재지변으로 보상되시 않음)

일반사망에 해당하는 경우

- 취침 도중 심장마비로 사망
- 법적 개입 중 처형되어 사망
- 협심증으로 진단, 치료 중 심장마비로 사망
- 부부가 성관계 중 심장마비로 남편이 사망
- 목욕 중 사지가 마비되어 사망
- 근무 중 갑자기 혼절하여 뇌출혈 진단 후 사망
- 알코올의존증으로 인한 심장마비로 사망
- 운동하다가 심장 이상으로 사망
- 길을 가던 고혈압 환자가 쓰러져 이송 도중 사망
- 과로 및 격렬한 운동으로 인한 사망
- 폭염이 국지적으로 이어지는 상황에서 피할 방법이 있을 때 간접

적 사인으로 사망

- 무중력 환경에서의 장기간 체류로 인한 사망
- 식량 부족, 물 부족, 상세불명의 결핍, 고의적 자해로 인한 사망

재해사고(災害事故)란 피보험자가 일상생활 중 입을 수 있는 급격하고도 우연한 외래의 우발적인 사고로 신체에 상해를 입고 그 직접적인 결과로서 사망하거나 신체의 일부를 잃었거나(장해) 또는 그 기능을 상실한 경우(후유 장해)를 말한다. 단, 질병 또는 체질적 요인이 있는 피보험자가 경미한 외부 요인에 의하여 발병하거나 또는 그 증상이 더욱 악화되었을 때에는 그 경미한 외부 요인은 우발적인 외래의 사고로 보지 않으므로 이런 경우에는 재해사고로 인정하지 않는다.

이러한 재해사고로 사망한 것을 재해사망이라고 한다. 따라서 재해사고는 급격성, 우연성, 외래성 등 3가지 요건이 동시에 충족되어야만 하며 어느 하나의 요건이라도 빠지면 일반 사고로 규정된다. 즉, 재해사고는 급격성과 우연성 및 외래성을 동반하는 필요충분조건이 있어야 성립되는 것이다. 재해사고로는 교통사고가 제일 흔하며, 그 외에도 산업재해사고와 의료사고, 익사사고 등 그 범위는 매우 넓고 다양하다.

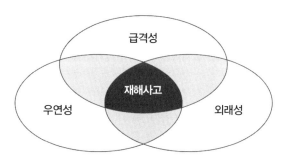

• 재해사고의 성립 요건 •

급격성과 우연성 그리고 외래성의 정의를 각각 살펴보면 다음과 같다.

급격성(急擊性)

갑자기 이루어진 사고로서, 사고가 서서히 점진적으로 진행되는 것이 아니라 사고로부터 그 결과까지의 과정에 직접적인 관계가 있고 시간적인 간격이 없는 것을 말한다. 따라서 어떤 상태가 계속적으로 또는 반복적으로 이루어지면서 생긴 사고는 이에 해당되지 않는다.

급격성을 충족하려면 발생 사고를 회피하는 것이 가능한지 불가능한지를 가늠해야 한다. 만약 피할 수 있는 방법이 없는 수준의 사고라면 급격성을 띤다고 할 수 있다.

우연성(偶然性)

어떤 사고가 발생했을 때 그 원인과 결과를 사전에 전혀 예측하거나 인식하지 못하고 우연하게 일어나는 의외의 사고를 말한다. 폭풍이나 번개 등 자연현상적인 사고를 당한다든지, 도둑이나 괴한의 습격 등 인위적인 사고를 당하는 것 등이 우연한 사고다.

보험은 우연이 아닌 고의나 의도적으로 일으킨 사고의 피해에 대해서는 보상해주지 않는다. 보험금을 지급받으려면 사고는 도덕적 해이(moral hazard) 없이 우연히 발생해야 한다.

외래성(外來性)

보험사고의 원인부터 결과에 이르기까지의 과정에서 외부적 요인이 신체에 미치는 것을 말한다. 즉, 신체 상해의 발생 원인이 피보험자의 신체에 있는 것이 아니라 외부에 있는 것이다. 상해보험의 경우 같은 요통이라도 무거운 물건을 들어 올리다 허리를 다친 경우는 담보가 되지만 명확한 원인 사고 없이 스트레스의 축적에 의해 요통이 발생한 경우는 외래성이 없어 담보되지 않는다.

재해사고를 담보로 하는 보험은 보장성보험과 연금보험, 중장기 양로보험, 교육보험 등의 생명보험 상품과 손해보험 상품이다. 질병보험이나 개호보험 또는 순수 저축성보험은 해당되지 않는다.

참고로 법원은 수술이나 투약 중 과실에 의한 사망 또는 장해 등 의료사고에 대하여 "의학적 연관성이 명확히 규명되지 않아 보통 사람이 예상하기 어려운 약물 부작용은 '우발적 외래의 사고'로 해석할 수 있다"라고 판시하여 재해사고로 인정하고 있다.

보험계약은
언제 효력이 상실되나?

일반적으로 보험계약은 가입자가 납입기간 내에 보험료를 내지 않으면 효력이 상실된다. 예를 들어 보험료 납입 일자가 6월 15일이라고 한다면 유예기간인 다음 달 말일(7월 31일)까지는 보험료를 납입해야 한다. 만약 이 기간에 보험료를 납입하지 않으면 가입한 보험은 효력을 상실한다. 보험 혜택을 받을 수 없게 되는 것이다.

그러나 여기서 간과해선 안 될 중요한 사실이 있다. 보험료 납입기간이 지났다고 해서 자동적으로 효력이 상실되지는 않는다는 것이다. 반드시 가입한 해당 보험사나 우체국 또는 공제조합이 연체 보험료를 납부하라는 안내문을 보험계약자에게 전달한 후에야 해당 기관에서 해지할 수 있으며 그때부터 효력이 상실된다.

교통사고로 장해를 당해 치료받느라 미처 보험료를 제때에 납입하지 못한 가입자가 청구한 보험금에 대해 보험회사가 '보험료를 내지 않아 이미 보험계약이 상실되었다'며 보험금 지급을 거부한 사례가 있다.

이에 대하여 금융감독원에서는 '보험회사는 보험료가 미납되었을 경우 효력이 상실되었다는 이유만으로 보험금 지급 책임을 면할 수 없다'라고 금융 분쟁에 대한 조정을 해주었다. 즉, 보험회사가 반드시 가입자에게 보험료 납입최고안내장을 발부하고 보험계약 해지 의사를 명확히 해야만 비로소 보험계약이 효력을 상실한다고 본 것이다. 보험계약의 효력 상실 시기는 보험료 납입기간 만료일이 아닌, 보험회사에서 보험료 납입최고안내장을 발부하여 보험계약의 해지 의사를 분명히 했을 때라 할 수 있다.

종피보험자의 계약 위반 시
보험계약은 해지되나?

　보험계약은 피보험자와 보험계약자, 보험수익자 등 보험가입자와 보험회사 등 보험계약관계자가 있어야만 성립한다. 특히 피보험자는 보험 대상으로서 보험금 지급을 결정하는 주체이기 때문에 피보험자의 선정은 매우 중요하다. 그러므로 보험계약이 성립되는가 아닌가는 일반적으로 피보험자의 결격사유 여부에 따라서 결정된다.

　1건의 계약이 성립하기 위하여 필요한 피보험자는 1명, 또는 2명 이상 등으로 상품 성격에 따라 다양하다. 개인보험의 경우 개인 계약은 1명, 부부 계약은 2명, 가족 계약은 2명 이상으로 한정되어 있다. 단체보험의 경우에는 5명 이상으로 피보험자 수가 매우 많다.

　부부 계약에서는 피보험자를 주피보험자와 종피보험자로 구분하는데, 주피보험자는 주로 계약자가 되며 종피보험자는 주피보험자의 배우자가 된다. 이때 주피보험자가 고지 의무를 위반했을 경우 보험회사에서는 해당 계약을 해지 처리할 수 있으며, 그렇게 되면 그 보험은 그때부터 효력이 상실된다.

그렇다면 종피보험자가 고지 의무를 위반하면 어떻게 될까? 어떤 보험회사에서는 '종피보험자가 고지 의무를 위반한 사실이 있으면 해당 보험계약은 모두 해지할 수 있다'고 주장한다고 한다. 그러나 계약자가 이와 관련해 금융감독원에 분쟁 조정을 신청한 민원 건에 대하여 금융감독원은 "피보험자를 2인 이상으로 하는 보험계약에서 보험료와 보험금액이 분리되어 따로 책정되어 있다면 주피보험자와 종피보험자의 보험계약은 분리될 수 있다"라고 결정했다.

이에 따라 금융감독원은 종피보험자에게 발생한 고지 의무 위반의 사유 때문에 주피보험자에 대한 보험계약 전체를 해지할 수는 없으므로 보험회사로 하여금 해당 계약의 일부를 해지하도록 조정해주었다.

따라서 피보험자가 2인 이상인 개인보험의 경우에는 고지 의무 위반 등 계약 불성립(不成立) 사유가 있는 피보험자만 배제하는 것이 합리적이라고 할 수 있다. 보험계약관계에서 일반적으로 계약 당사자 사이에 계약관계가 형성된 이상 일부라도 계약을 유지하도록 하는 것이 타당하다. 종피보험자가 고지 의무를 정확히 하지 않았다고 하더라도 보험회사가 종피보험자의 보장 부분뿐만 아니라 주피보험자의 보장 부분까지 계약을 모두 해지하는 것은 부당하다는 얘기다.

그러므로 종피보험자가 계약을 위반하였을 경우에는 보험계약의 일부, 즉 종피보험자와 관련된 계약 부분만 해지되고 나머지는 계속 유지할 수 있다.

보험기간과 납입기간은
다른가?

보험기간은 보험계약에 따라 보험회사가 사고에 대해 보상 또는 보장을 해주는 기간을 말한다. 한편, 납입기간은 보험계약자가 보험회사에 보험료를 지불하는 기간을 말한다. 예를 들어 보험료 납입기간 20년, 80세 만기보험에 가입한 경우 납입기간은 첫 보험료를 지급한 시점으로부터 20년이고 보험 보장은 80세까지 받을 수 있다는 뜻이다.

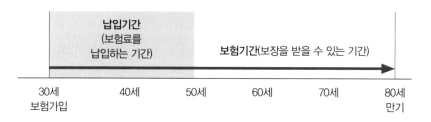

보험금이 지급되기 위해서는 가입한 보험 상품의 보험기간 내에 보

험사고가 발생해야 한다. 따라서 보장 개시일은 보험회사의 보험금 지급 의무가 시작되는 날을 말하며 통상 보험료 납입 시점을 보장 개시일로 간주한다.

그러나 암보험이나 또는 암을 담보로 하여 보상하는 특약에 가입할 경우 담보 대상에 따라 보장 개시일이 달라지기 때문에 해당 상품의 약관 규정 내용을 꼼꼼히 잘 확인해야 한다.

보험계약을
부활시키려면

불확실한 미래에 대비해, 혹은 불시에 겪을지 모를 사고나 위험 등에 대비해 마치 평생의 배필을 고르듯 신중하게 가입한 보험이라 해도 갑작스럽게 생계가 곤란해지거나 경제적 어려움이 닥치면 관리에 소홀해지기 십상이다. 경제적인 이유로 궁박한 상황에 내몰려 보험료 연체 등으로 보험계약이 해지되는 사례가 증가하고 있다. 보험료를 내지 못해 해지되는 보험계약 건수가 1년에 700만 건이 넘는다고 한다.

이처럼 보험료 연체 등의 사유로 보험계약이 해지된 상태에서는 보험사고가 발생하더라도 보장을 받을 수 없으므로 유지 시 주의를 기울여야 한다. 만약 보험이 효력을 이미 잃었을 경우에는 간이부활제도를 활용하여 계약을 살리는 것이 좋다. 간이부활제도란 보험계약의 효력이 상실된 그달(해당 월)에 계약을 되살릴 경우 추가적인 연체이자의 부담 없이 그달 보험료만 내면 보험을 유지할 수 있는 서비스 제도를 말한다.

보험계약의 부활에는 ① 보험료 연체로 해지된 계약의 부활, ② 압류 등으로 해지된 계약의 부활, ③ 보험 모집자의 부당한 권유로 해지된 계약의 부활 등 3가지 종류가 있다. 각각의 부활 조건과 부활 청약 기간이 다르므로 보험약관에 따른 보험계약 부활제도를 잘 활용해야 한다.

통상 1개월 치 보험료를 내지 못하면 연체, 2개월 연속 거르면 실효된다. 보험계약이 해지된 상태에서는 보험사고가 발생해도 보장을 받을 수 없다. 그러나 보험을 해약만 하지 않는다면 부활의 기회는 있다. 이처럼 보험약관에서 보험계약 부활제도를 두는 이유는 가입자가 새로 보험에 가입해야 하는 번거로움과 보험료 상승에 대한 부담을 줄이고 보장 내용 변동으로 입는 피해를 줄이기 위해서다. 부활 절차는 복잡하지 않다. 보험회사를 방문해 관련 서류를 제출하고 연체 보험료와 이자를 내면 된다. 보험계약을 부활시킬 수 있는 경우를 유형별로 나누어 구체적으로 알아보면 다음과 같다.

보험료 연체로 해지된 계약의 부활

이 경우의 부활제도는 보험계약자가 일시적인 경제적 어려움 때문에 보험료 납입을 부득이 연체했으나 해지환급금을 받지 않은 경우, 향후 경제적 상황이 개선돼 연체된 보험료를 납입하고 동일한 조건으로 보험계약을 유지할 수 있도록 한 보험 서비스 제도다.

보험계약자가 보험료를 제때 내지 못해 미납된 경우 보험회사는 14

일(보험기간이 1년 미만인 경우에는 7일) 이상의 납입최고 기간(납입재촉 기간)을 정해 보험계약자에게 보험계약이 해지됨을 통지하도록 되어 있으며, 납입최고 기간 중 발생한 사고에 대해 보장을 받을 수 있다.

만약 보험계약자가 납입최고 기간 동안 보험료를 납부하지 않아 보험계약이 해지될 경우 보험계약자는 보험계약이 해지된 날로부터 2년 이내에 부활을 청약할 수 있다. 청약 시에는 암, 고혈압 등 현재 및 과거의 질병 상태 등 계약 전 알릴 사항을 고지해야 한다. 이때 연체 보험료와 이자를 납입하게 되면 기존 계약과 동일한 조건으로 보험료를 납입하면서 보장을 받을 수 있다. 2년이 경과하면 해당 계약은 소멸된다.

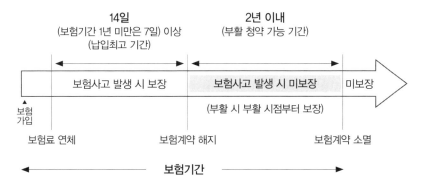

• 보험료 연체 및 해지에 따른 보험사고 발생 시 보장 여부 •

압류 등으로 해지된 계약의 특별 부활

보험계약자가 보험계약을 유지하던 중 부득이 빚을 갚지 못해 채무

불이행으로 인한 압류, 담보권 실행 등을 당할 경우 해당 보험계약(소액 보장성보험 제외)이 해지될 수 있다. 이때 보험계약의 실질적 보험수익자 (보험금 수령자)는 보험금을 받을 수 없는 등 선의의 손해를 입을 수 있다.

그래서 보험약관에서는 보험수익자가 보험계약자의 지위를 이어받아 보험계약을 유지할 수 있도록 '특별부활제도'를 운영하고 있다. 즉, 보험계약자 등의 채무불이행으로 보험계약이 해지된 경우 보험수익자가 해지 사실을 알 수 없기 때문에 보험회사는 해지일로부터 7일 이내에 보험수익자에게 해당 보험계약이 해지되었음을 반드시 통지하도록 명문화하고 있다. 이때 해지 통지를 받은 보험수익자가 보험계약자의 동의를 얻어 압류 등을 유발한 채무를 대신 지급하고 15일 이내에 해당 보험계약의 부활을 청약하면 기존 계약과 동일한 조건으로 계약을 유지할 수 있다.

단, 1,000만 원 이하의 사망보험금이나 상해·질병·사고 등의 치료를 위해 실제 지출되는 비용만 보장하는 보험 등은 압류 금지 대상에 해당한다.

보험 모집자 등의 부당한 권유로 해지된 계약의 부활

보험계약자가 보험계약을 유지하던 중 보험설계사의 권유로 기존 계약을 해지하고 새로운 계약에 가입하는 경우가 발생할 수 있다. 이런 경우 기존 계약과 신규 계약의 보장 범위가 달라지거나 또는 보험료가 인상되는 등의 불이익이 생길 우려가 다분히 존재할 수 있다.

이 같은 피해를 방지하기 위해 보험업법에는 보험계약 부활제도가 있다. 보험계약자는 보험계약이 부당하게 소멸된 경우 보험계약이 해지된 날로부터 6개월 이내에 소멸된 보험계약의 부활을 요청하여 살릴 수 있다. 보험설계사 등의 권유로 보험계약을 갈아탈 경우 보장 내용이나 보험료 수준 등을 꼼꼼히 살펴 비교해야 한다.

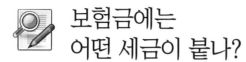

보험금에는
어떤 세금이 붙나?

보험 상품 중 비과세되는 장기저축성보험과 비과세저축보험 상품에서 발생한 보험 차익은 금융소득종합과세 계산 시 과세 대상에서 제외된다.

저축성보험을 가입하였을 경우 만기보험금 또는 중도환급금 수령 시 보험계약자와 보험수익자가 동일하면 관련되는 세금이 부과되지 않지만 다를 경우에는 세금이 부과된다. 즉, 보험 차익에 대해 소득세가 과세된다. 이 경우 금융소득종합과세의 대상이 되는 이자소득인 보험 차익은 다른 금융소득과 합산되어 금융소득종합과세 여부를 판단하게 된다.

금융소득의 합계가 연간 2,000만 원을 초과하면 종합과세하게 되며 2,000만 원 초과분은 다른 종합소득과 합산하여 종합소득세액을 계산한다. 금융소득종합과세는 개인별 금융소득을 대상으로 하고 금융소득의 합산은 금융소득을 지급받는 연도를 기준으로 한다.

그리고 피보험자(피상속인)가 사망하여 상속인(사망 시 수익자)이 사망보험금을 수령할 경우 보험료를 피보험자가 불입했다면 그 수령한 사망보험금에 대하여는 상속세를 내야 한다. 설령 보험계약자와 보험수익자를 동일인으로 했다 하더라도 계약자가 사망하면 수익자는 계약자가 아닌 다른 사람, 즉 사망 시 수익자가 되므로 불로소득이기 때문에 이 경우에는 상속세를 내야 한다. 그러나 보험계약자와 보험수익자가 동일하고 피보험자가 다를 경우에는 상속세가 부과되지 않는다. 부활할 경우 연체이자는 납입보험료로 간주하여 포함한다.

※ 참고: 상속세 및 증여세법 제8조(상속재산으로 보는 보험금)

① 피상속인의 사망으로 인하여 받는 생명보험 또는 손해보험의 보험금으로서 피상속인이 보험계약자인 보험계약에 의하여 받는 것은 상속재산으로 본다.

② 보험계약자가 피상속인이 아닌 경우에도 피상속인이 실질적으로 보험료를 납부하였을 때에는 피상속인을 보험계약자로 보아 제1항을 적용한다.

보험료 납입자와 보험수익자가 다른 경우에는 증여세가 발생한다. 보험계약자가 맨 처음부터 만기 시나 사망 시 수익자를 따로 지정했다면 만기 시 타는 만기보험금은 증여세를 내야 하고 사망 시 타는 사망보험금은 상속세를 내야 한다.

즉, 보험금은 본인(계약자)이 수익자가 되고 살아서 만기보험금을 탈 때를 제외한 모든 보험금 지급 발생 시에는 반드시 상속세나 증여세 둘 중 하나의 세금을 내야 한다. 그리고 상속받은 보험금 중 피상속인이 전부 보험료를 부담하지 않았을 경우 보험금 중에서 상속재산으로 간주하는 보험금은 피상속인이 사망 시까지 실질적으로 보험료를 부담한 비율에 해당하는 보험금만 적용되며 산출 공식은 아래와 같다.

> **상속재산으로 간주하는 보험금 =**
> **(보험금액 × 피상속인이 부담한 보험료)/납입한 보험료 총액**

보험계약자와 보험수익자가 다르고 보험수익자가 보험료 일부를 납입하였을 경우 증여세가 부과되며 증여세 과세대상 보험금은 납입한 보험료 총액에서 보험수익자가 일부 납입한 보험료의 비율만큼 증여재산가액에서 제외된다.

또한 보험계약자와 보험수익자가 다르고 보험기간 중 보험계약자가 다른 사람으로부터 재산을 증여받아 보험료를 납입한 경우에는 증여세가 부과되며 증여재산가액은 사고로 인한 보험금 상당액에서 증여받아 납입한 보험료를 차감한 금액이 된다. 증여세 과세대상 보험금과 증여자산가액의 산출 공식은 아래와 같다.

> **증여세 과세대상 보험금 =**
> **보험금 상당액 × (보험금 수취인 이외 자가 납입한 보험료/납입한 보험료 총액)**

> 증여재산가액 =
> 보험금 × (타인 재산의 수증분으로 납입한 보험료/총납입한 보험료) −
> 타인 재산의 수증분으로 납입한 보험료

· 보험금 수령 시 과세 여부 종합 분석 ·

구분	계약관계자 대상			과세 여부	
	과세 여부	보험계약자	피보험자	사망보험금	만기보험금
계약자, 피보험자, 수익자가 동일인인 경우	남편	남편	남편	상속세	비과세
	처	처	처		
계약자와 피보험자는 동일하고 수익자는 다를 경우	남편	남편	자녀	상속세	증여세
	남편	남편	처		
	처	처	자녀		
	남편	남편	처		
계약자와 수익자는 동일하고 피보험자가 다를 경우	남편	처	남편	비과세	비과세
	처	남편	처		
	남편	제3자	남편		
피보험자와 수익자는 동일하고 계약자가 다를 경우	남편	처	처	상속세	증여세
	처	남편	남편		
계약자, 피보험자, 수익자가 다를 경우	남편	처	자녀	증여세	증여세
	처	남편	자녀		
계약자가 2인이면서 수익자가 그중 한 명일 경우	남편 1/2 처 1/2	남편	처	상속세 1/2 비과세 1/2	증여세 1/2 비과세 1/2
		처	남편		
단체보험의 경우	회사(대표)	종업원	종업원	종업원 상속인에게 상속세	비과세

* 보험수익자 미지정으로 피보험자 사망 시 상속인(보험수익자)은 법정상속인

종신보험과 연금보험의 보험금 상속세 부과 차이

종신보험은 피보험자 사망으로 확정된 보험금이 현금으로 수익자에게 지급되므로 상속세 및 증여세법상의 평가를 할 필요 없이 전액을 간주상속재산으로 보아 상속세를 부과한다.

연금보험은 연금개시 후 만기수익자가 사망하고 보험계약에 의해 연금수령 잔존기간이 남아 있는 경우에는 상속 및 증여 시점에서 연금수령권을 상속세 및 증여세법상 정기금을 받을 권리를 평가하여 보험금을 상속재산가액으로 간주한다. 보험계약자와 수익자가 불일치하여 연금개시 시점을 증여로 보아 증여세를 부과하는 경우에는 연금지급기간 동안 받을 수 있는 연금총액을 정기금을 받을 권리의 평가방법으로 평가하여 보험금 증여의제로 간주한다.

5장
보험 혜택 많이 보는 꿀팁

"인간은 참 이상한 동물이다. 집과 자동차에 보험을 가입하는 것은 잊지 않으면서 왜 자신의 생명을 보험에 가입하는 것은 소홀히 할까? 생명은 가족에게 무엇보다 중요할 뿐만 아니라 가장 잃기 쉬운 것인데 말이다. 보장이 충분한 생명보험을 갖는 것은 대다수 시민들에게 부여된 도덕적 의무다." – 벤저민 프랭클린

보험금은
어떤 경우에 지급되나?

보험회사는 피보험자에게 다음 중 어느 하나의 사유가 발생한 경우에는 보험수익자에게 약정한 보험금을 지급해야 한다.

① 보험기간 중의 특정 시점에 살아 있을 경우에는 중도보험금
② 보험기간이 끝날 때까지 살아 있을 경우에는 만기보험금
③ 보험기간 중 사망한 경우에는 사망보험금
④ 보험기간 중 진단 확정된 질병 또는 재해로 장해분류표에서 정한 각 장해 지급률에 해당하는 장해 상태가 되었을 때에는 장해보험금
⑤ 보험기간 중 질병이 진단 확정되거나 입원, 통원, 요양, 수술 또는 수발이 필요한 상태가 되었을 때에는 입원 보험금 등

담보대상별 사망보험금 유형

사망을 보장하는 담보대상별 사망보험금 유형은 크게 생명보험의 일

반사망과 재해사망, 손해보험의 질병사망과 상해사망 등 4가지로 구분된다. 보장범위는 생명보험의 일반사망이 가장 크다. 질병사망은 일반사망의 범주에 들어가고 상해사망은 재해사망의 범주에 들어간다. 참고로 폭동, 전쟁 등에 의한 사망은 재해사망이나 상해사망이 아니라 일반사망에서만 보장한다. 자살 또한 질병사망이 아닌 일반사망에서만 보장된다.

· 담보대상별 생명보험과 손해보험의 사망보험금 지급 여부 ·

담보대상	일반사망	재해사망	질병사망	상해사망
보장 범위	사망 시 지급(가입 후 2년 이내 자살 이외 모든 경우 지급)	재해(우발적인 외래의 사고)로 사망 시 지급	질병으로 사망 시 지급	상해(우연하고 급격한 외래의 사고)로 사망 시 지급
생명보험	○	○	×	×
손해보험	×	×	○	○

* 일반사망은 2년 이후 발생한 모든 사망 유형의 담보대상에 대해 보장하며 재해사망에는 상해사망도 포함됨

보험금의 지급 사유 중 '사망'이란 보험기간 중에 실종선고를 받은 경우에는 법원에서 인정한 실종 기간이 끝나는 때를, 관공서에서 수해, 화재나 그 밖의 재난을 조사하여 사망한 것으로 통보하는 경우에는 가족관계등록부에 기재된 사망 연월일을 기준으로 한다.

장해 지급률을 결정할 때는 재해일 또는 질병의 진단 확정일부터 180일 이내에 확정되지 않는 경우 재해일 또는 진단 확정일부터 180일이 되는 날의 의사 진단에 기초하여 고정될 것으로 인정되는 상태를 장

해 지급률로 결정한다.

만약 장해 지급률이 결정되었으나 그 이후 보장받을 수 있는 기간(계약의 효력이 없어진 경우에는 보험기간이 10년 이상인 계약은 재해일 또는 진단 확정일부터 2년 이내로 하고, 보험기간이 10년 미만인 계약은 재해일 또는 진단 확정일부터 1년 이내)에 장해 상태가 더 악화된 때에는 그 악화된 장해 상태를 기준으로 장해 지급률을 결정한다.

그리고 청약서상 계약 전 알릴 의무에 해당하는 중대한 질병으로 과거 청약서상 해당 질병의 고지 대상 기간에 진단 또는 치료를 받은 경우에는 제3조(보험금의 지급 사유)의 보험금 중 해당 질병과 관련한 보험금을 지급하지 않는다. 단, 청약일 이전에 진단 확정된 질병이라 하더라도 계약의 해지가 발생하지 않고 청약일 이후 5년(갱신형 계약의 경우에는 최초 계약의 청약일 이후 5년)이 지나는 동안 그 질병으로 추가 진단(단순 건강검진 제외) 또는 치료 사실이 없을 경우에는 청약일부터 5년이 지난 이후에는 해당 보험약관에 따라 보장한다.

보험수익자는 보험금의 지급 사유가 발생하면 다음의 서류를 제출하고 보험금을 청구하도록 한다.

보험사고 발생 시 보험금 청구에 필요한 서류
① 청구서(보험회사 양식)
② 사고증명서(사망진단서, 장해진단서, 입원치료확인서 등)

※이 경우 사고증명서는 의료법 제3조(의료 기관)에서 규정한 국내의 병원이나 의원 또는 국외의 의료 관련법에서 정한 의료 기관에서 발급한 것이어야 한다.

③ 신분증(주민등록증이나 운전면허증 등 사진이 붙은 정부 기관 발행 신분증, 본인이 아닌 타인의 경우 본인의 인감증명서 포함)

④ 보험증권 등 기타 보험수익자가 보험금 수령에 필요하여 제출하는 서류

보험회사는 보험수익자로부터 보험금의 청구 서류를 접수한 때에는 접수증을 교부하고 휴대전화 문자메시지 또는 전자우편 등으로도 송부하며, 그 서류를 접수한 날부터 3영업일 이내에 보험금을 지급해야 한다. 다만, 보험금 지급 사유의 조사나 확인이 필요한 때에는 접수 후 10영업일 이내에 지급해야 한다.

또한 보험금의 지급 시기가 되면 보험금 지급 시기 7일 이전에 그 사유와 보험회사가 지급해야 할 금액을 계약자 또는 보험수익자에게 알려야 하며, 보험금 지급 시 보험금 지급일까지의 기간에 대한 이자는 보험금을 지급할 때의 적립 이율 계산과 같이 계산한다.

만약 보험회사가 보험금 지급 사유를 조사·확인하기 위하여 해당 기일 이내에 보험금을 지급하지 못할 것으로 예상되는 경우에는 그 구체적인 사유, 지급 예정일 및 보험금 가지급 제도(보험회사가 추정하는 보험금의 50% 이내를 지급)에 대하여 피보험자 또는 보험수익자에게 즉시 통지해준다.

다만, 지급 예정일은 다음의 내용 중 어느 하나에 해당하는 경우를 제외하고는 보험금의 청구에서 정한 서류를 접수한 날부터 30영업일 이내에서 정한다.

① 소송 제기

② 분쟁 조정 신청

③ 수사기관의 조사(수사기관의 추가적인 조사가 이루어지는 경우, 보험회사는 보험수익자의 청구에 따라 회사가 추정하는 보험금의 50% 상당액을 가지급 보험금으로 지급)

④ 해외에서 발생한 보험사고에 대한 조사

⑤ 보험회사의 조사 요청에 대한 동의 거부 등 계약자, 피보험자 또는 보험수익자의 책임 있는 사유로 보험금 지급 사유의 조사와 확인이 지연되는 경우

⑥ 보험금 지급에 관한 세부 규정에 따라 보험금 지급 사유에 대해 제3자의 의견에 따르기로 한 경우

만약 일시에 지급할 보험금을 나누어 지급하는 경우 나중에 지급할 금액에 평균 공시 이율을 연 단위 복리로 계산한 금액을 더하며, 반대로 나누어 지급할 금액을 일시에 지급하는 경우 평균 공시 이율을 연 단위 복리로 할인한 금액을 지급해야 한다. 보험계약자 또는 보험수익자가 2명 이상인 경우에는 각 대표자를 1명 지정해야 하는데 대표자는 각각 다른 계약자 또는 보험수익자를 대리하는 것으로 간주한다. 지정된 계약자 또는 보험수익자의 소재가 확실하지 않은 경우에는 이 계약에 관하여 보험회사가 계약자 또는 보험수익자 1명에 대하여 한 행위가 각각 다른 계약자 또는 보험수익자에게도 효력이 미치며, 보험계약자가 2명 이상인 경우에는 그 책임을 연대로 한다.

보험금 지급 방법

보험금은 보험사고가 발생하였을 때 일시에 지급하는 것이 일반적이지만 연금보험같이 은퇴 후 노후생활자금을 보장받아야 하는 경우에는 지급 기간을 선택할 수 있도록 다양화하고 있다. 보험금 지급 방법은 일시금 지급 방법과 연금 지급 방법 그리고 분할 지급 방법 등 3가지로 구분할 수 있다.

생존보험금 중 만기형은 보험기간이 종료되면 일시에 보험금을 지급하며, 사망보험의 경우에도 유족 보장을 위해 보험사고가 발생한 경우에는 일시에 보험금을 지급해준다. 연금보험은 보험료를 납입한 이후 연금을 받기로 약정한 날로부터 일정 기간 또는 종신까지 보험금을 연금 형식으로 지급하는 상품이다.

그리고 일시에 지급받게 되는 사망보험금이나 만기보험금은 보험계약자의 편리에 따라 ① 일정 금액으로 분할하여 지급하는 방법, ② 일정 기간 분할하여 지급하는 방법, ③ 일정 기간이 경과한 후 일시금으로 지급하는 방법, ④ 일정 기간 이자만 지급한 후 일시금으로 지급하는 방법 중에서 선택하여 받을 수 있다.

어떤 경우에
보험금을 지급해주지 않나?

　보험사고가 발생했다고 모두 보험금이 지급되는 건 아니다. 발생한 보험사고에 아무런 결격사유가 없고 도덕적으로도 하자가 없어야 지급받을 수 있다. 보험금을 노리고 남을 해쳤다거나 자해를 했을 경우에는 사기죄가 성립되어 지급이 되지 않는다. 단, 피보험자가 심신상실 등으로 자유로운 의사 결정을 할 수 없는 상태에서 자신을 해쳤을 때 그 결과로 인하여 사망에 이르게 된 경우에는 보험회사가 재해사망보험금 (약관에서 정한 재해사망보험금이 없는 경우에는 재해 이외의 원인으로 인한 사망보험금)을 지급한다.

　또한 보험계약자와 피보험자가 보험계약 시 고지 의무를 제대로 다하지 않았다거나 계약 후 가입을 유지하고 있는 동안에 변경된 주소를 알려주지 않아 보험이 실효되었다면, 설령 보험금 지급 사유가 발생했다 하더라도 보험금을 지급해주지 않는다.

　손해보험의 경우 보험을 가입하여 유지하고 있는 동안에 보험계약자나 피보험자에게 사고 발생의 위험이 눈에 띄게 증가했다면 당사자는 이를 보험회사에 알려야 할 통지 의무가 있는데, 이를 게을리하고 알리지 않았다면 보험회사에서는 1개월 내에 계약을 해지할 수 있다. 만약 이때 보험사고가 발생하더라도 보험회사의 책임은 없다.

따라서 보험가입자는 보험가입 당시에는 고지 의무를, 보험가입 후에는 통지 의무를 반드시 이행해야 한다. 또 보험금 지급 사유가 발생했을 때는 즉시 보험회사에 알려야 한다.

보험회사는 사고 통지가 있어야 보험금 지급을 실시한다. 만약 늑장을 부리다가 사고 이후 수개월이 지나 이를 알리면 불이익을 받게 된다. 사고를 객관적으로 입증할 만한 정황 근거나 단서가 없을 수도 있기 때문이다.

보험가입 후 다음과 같은 사유가 발생했다면 보험회사에서는 보험약

· 보험회사가 보험금을 지급하지 않는 경우 ·

공통	· 전쟁, 기타 변란으로 인하여 사망이나 후유 장해 또는 손실이 발생했을 경우 · 고지 의무, 통지 의무 위반 등 보험계약자(피보험자)가 의무를 제대로 이행하지 않은 경우 · 보험료의 실효 등으로 보험계약이 해지된 경우 · 보험 사기일 경우 혹은 피보험자의 서면 동의를 받지 못하여 계약이 무효로 되었을 경우 · 청약서 부본 전달, 약관 교부, 청약서 자필 서명 등 3대 기본 지키기를 하지 않아 계약이 취소된 경우
생명보험	· 피보험자가 고의로 자신을 해친 경우 · 보험계약자와 보험수익자가 고의로 피보험자를 해친 경우 · 사망보험의 피보험자를 만 15세 미만자, 심신상실자, 심신박약자로 한 경우
손해보험	· 보험계약자 또는 피보험자의 고의나 중과실로 사고가 생긴 경우 · 보험 목적의 성질, 하자 또는 자연 소모로 인한 경우(면책 사유) 등

관을 근거로 하여 보험수익자에게 보험금을 지급하지 않는다.

그러나 보험가입 시 직업 또는 직종에 대해 제대로 알리지 않은 상태에서 보험사고가 발생한 경우라 해도, 직업(직종)과 보험사고가 아무런 인과관계가 없다면 보험금을 지급하도록 약관에는 규정해놓고 있다. 인과관계가 있는 경우에는 보험금을 감액하여 지급한다. 이때 지급되는 보험금을 살펴보면, 생명보험의 경우 정액보험이므로 해당 약관에서 규정하는 바에 따라 지급되고, 손해보험의 경우 실손보상보험이므로 보험사고의 발생으로 인하여 입은 실제 손해액의 정도에 따라 지급 금액이 달라진다.

그렇다면 가입자가 보험 사기를 쳤을 경우에는 보험금이 전혀 지급되지 않는 것일까? 비록 가입자가 자해를 했거나 자살했다 할지라도 보험금이 지급되는 경우가 있다. 보험에 가입하고 2년 이상 지났을 경우에는 보험금 수령 목적으로 자해를 했든 자살을 했든 상관없이 일반사망 보험금을 지급해준다.

자해의 경우에는 반드시 제1급 장해(고도의 장해) 등급 판정을 받아야 보험금이 지급된다. 단, 계약의 보장 개시일(부활(효력회복) 계약의 경우는 부활(효력회복) 청약일)로부터 2년이 지난 후 자살한 경우에는 재해 이외의 원인에 해당하는 사망보험금이 지급된다.

하지만 정상적인 사람 중 보험금을 수령하려고 자해나 자살을 하는 이는 없다. 간혹 생활고를 견디다 못해 스스로를 해치는 경우가 있는데 참으로 안타까운 일이다. 그런 선택을 하기보다는 건강한 몸으로 본인과 가족을 위해 더 열심히 사는 모습이 더 아름다울 것이다.

그리고 보험수익자가 고의로 피보험자를 해친 경우에는 보험금을 지급하지 않는다. 단, 보험수익자가 보험금의 일부 보험수익자인 경우에는 다른 보험수익자에 대한 보험금은 지급한다.

만약 보험가입 후 동티(건드려서는 안 될 것을 건드려 스스로 해를 입는 것)가

・ **정상적으로 보험금이 지급되지 않는 경우의 지급 내역** ・

구분	사기 방법(지급 사유)	지급 조건	지급 금액
자해 (자살 또는 제1급 장해)	피보험자가 고의로 자살하거나 또는 1급 이상의 장해 등급 판정을 받았을 경우	보험가입 기간이 2년 이내일 시	이미 납입한 보험료
		보험가입 기간이 2년 이상일 시	일반사망보험금
사형 집행	피보험자가 살인죄로 감옥에서 사형 집행을 받은 경우	보험가입 기간이 2년 이내일 시	이미 납입한 보험료
		보험가입 기간이 2년 이상일 시	일반사망보험금
타살	보험수익자가 고의로 피보험자를 죽이거나 해치는 경우	–	해약환급금
	보험계약자가 고의로 피보험자를 죽이거나 해치는 경우	–	없음
비상시	전쟁, 기타 변란으로 인하여 사망하거나 장해를 입었을 경우	많은 사상자 발생으로 보험 수지 악화를 초래할 시	금융감독위원회의 인가 후 보험금 감액 지급

났을 경우에는 어떨까? 이 경우 손해보험에서는 손해 과실 비율에 따라 지급할 보험금에서 상계 처리한 후 보상하는데, 본인의 과실이 없을 경우에는 정상적으로 보상해준다. 생명보험에서는 동티로 인하여 발생한 사고는 인위적인 사고가 아니므로 정상적으로 보험금을 지급해준다.

보험가입자가 받는 지급금에는 어떤 종류가 있나?

보험가입자가 보험회사로부터 수령하는 지급금은 크게 보험금, 급여금, 환급금, 배당금 등 4가지로 구분할 수 있다.

보험금

보험계약 만기 시 또는 사망, 제1급 장해, 퇴직 시 등 보험계약의 주된 지급 조건에 해당하는 보험금 지급 사유가 발생한 경우에 지급하는 금액이다. 여기에는 만기보험금, 퇴직보험금, 사망보험금, 상해보험금 등이 해당된다.

만기보험금	보험기간이 종료되었을 때 계약 소멸과 함께 보험약관 규정에 의거하여 지급하는 금액
퇴직보험금	단체보험에 가입한 피보험자가 소속 단체에서 퇴직했을 때 지급하는 금액
사망보험금	피보험자가 사망했을 경우 일시에 지급하는 보험금(향후 지급하는 유족연금, 양육연금 등도 사망보험금으로 분류함)
상해보험금	피보험자가 제1급 장해 상태가 되었을 때 지급하는 일시 지급액 및 유족연금, 양육연금, 장해연금, 실학자금 등의 분할 지급액

급여금

　보험 상품의 보험금 지급 내용 중 주된 지급 조건 이외의 지급 사유가 발생하였을 때 지급하는 금액이다. 여기에는 생존급여금, 사망급여금, 상해급여금, 입원급여금, 수술급여금, 기타급여금 등이 포함된다.

생존급여금	피보험자가 생존 시 지급하는 각종 분할 보험금으로서 생존연금, 입학축하금, 생일축하금, 장수축하금, 학자금 등
사망급여금	피보험자(종피보험자 포함)가 사망 시 지급하는 금액(교육보험은 계약자 사망 후 피보험자에게 지급하는 학자금 포함)
상해급여금	피보험자(또는 계약자)가 장해 상태가 되었을 때 지급하는 금액
입원급여금	질병 또는 재해로 입원 시 약관의 규정에 의거 입원 일수에 따라 지급하는 금액
수술급여금	피보험자가 보험약관에 명시한 수술을 받았을 때 지급하는 금액
기타급여금	상기 이외의 보험약관에 명시된 지급 사유 발생 시에 지급하는 급여금(요양급여 등)

환급금

보험계약의 해약, 효력 상실, 사망 조사 결과 계약의 해지 등 보험사고 이외의 사유로서 계약이 소멸되었을 때 지급하는 금액이다. 여기에는 해약환급금, 효력상실환급금, 기타환급금 등이 포함된다.

해약환급금	계약자가 보험계약을 해약하거나 또는 보험가입금액을 감액했을 때 지급하는 금액
효력상실환급금	보험계약의 효력이 상실된 상태에서 계약자의 청구에 의해 지급하는 금액
기타환급금	사망 조사 결과 계약의 해지 사유 발생 시 지급하는 해지환급금액

배당금

보험계약자로부터 납입된 보험료를 가지고 보험회사가 합리적으로 경영하여 이를 통해 발생한 이익금을 보험계약자에게 돌려주는 금액이다. 보험회사는 계약자가 낸 보험료를 운용해 수익을 내는데 운용 수익이 예정했던 것보다 많은 경우, 또는 고객에게 지급한 보험금이 예정했던 것보다 적은 경우, 회사 운영에 드는 사업비를 당초 계획보다 덜 사용해 사업비가 남은 경우에는 이 이익을 계약자에게 돌려준다. 이를 '계약자배당'이라고 한다. 배당금에는 이차배당금, 사차배당금, 비차배당금, 장기유지특별배당금 등이 있다.

• 이미 납입한 보험료 및 해약환급금의 유형별 지급 내역 •

지급 사유			지급 범위
계약의 불성립			이미 납입한 보험료
계약의 무효			이미 납입한 보험료(피보험자의 미동의 또는 18세 미만자, 심신상실자, 심신박약자를 피보험자로 한 계약의 경우)
면책 사유	전쟁 및 변란 시		보험 금액의 감액 지급 가능
	도덕적 위험	피보험자의 자살	이미 납입한 보험료(단, 2년 경과 시에는 일반사망 보험금 지급)
		보험수익자의 고의 살해	해약환급금
		보험계약자의 고의 살해	아무것도 지급하지 않음
계약의 해지	보험계약자의 임의 해약		해약환급금
	보험품질제도 위반 시의 해약		이미 납입한 보험료(약관 미교부, 청약서 부본 미지급, 자필 서명 미날인 등을 이유로 계약자가 해약할 경우)
	보험료의 미납입		해약환급금(납입기간 내에 미납입 시 효력 상실 처리)
	고지 의무 위반	보험금 지급 사유 발생 전	해약환급금
		보험금 지급 사유 발생 후	이미 납입한 보험료
보험 금액의 감액			감액 부분은 해약환급금 지급

• 손해보험의 지급 보험금 계산 방법 •

전부보험	보험가입금액과 보험가액이 같을 때 손해액 전액 지급 · 보험가입금액 = 보험가액 → 실손보상
초과보험	보험가입금액이 보험가액보다 많을 때 보험가액을 한도로 손해액 전액 지급 · 보험가입금액 〉 보험가액 → 초과분 무효, 감액 청구 가능
일부보험	보험가입금액이 보험가액보다 적을 때 보험가입금액의 비율로 비례보상 · 보험가입금액 〈 보험가액 → 비례보상(비례보상의 원칙 적용) $\left(보험금 = 손해액 \times \dfrac{보험가입금액}{보험가액} \right)$
중복보험	• 다른 계약과 지급 보험금 계산 방법이 같은 경우: 보험가입금액 안분 방식 • 다른 계약과 지급 보험금 계산 방법이 다른 경우: 독립 책임액 방식 · 보험 금액 + 보험 금액 〉 보험가액 → 비례, 연대주의
포괄보험	전체 가액에 대한 각 가액의 비율로 보험가입금액을 안분하여 계산

보험회사 파산 시
보험금은 받을 수 있나?

보험회사가 파산하였을 경우 예금자보호법에 따라 예금보호 대상인 개인보험이나 퇴직보험은 파산 당시의 해약환급금 범위(5,000만 원 한도) 내에서만 보장을 받을 수 있다. 이때 보장 금액의 지급 기준은 계약자의 기납입 보험료가 아닌 해약환급금을 기준으로 한다. 참고로 법인보험이나 재보험은 보장을 받을 수 없다.

보험회사가 파산하기 전에 보험금 지급 사유가 발생하였을 경우 보험금을 지급받을 수 있을까? 이때는 가입 시기나 파산 시기에 관계없이 무조건 전액을 보장받는다. 질병이나 재해사고 등의 보험금 지급 사유가 보험회사의 지급정지 혹은 파산 전에, 즉 예금보험공사의 예금 지급 공고일 이전에 발생했다면 예금보험공사가 파산한 보험회사를 대신해 당초 가입자가 지급받기로 되어 있는 사망보험금 또는 사고보험금을 보호해주어 전액을 받을 수 있다. 예를 들어 A 보험회사에 보장성보험을 가입했는데 사고를 당해 보험금 지급 신청을 한 후 수령을 기다리는 동안 보험회사가 파산했다 하더라도 보험금을 전액(5,000만 원 한도) 지급받을 수 있는 것이다.

보험회사가 파산하고 나서 보험사고가 발생했을 경우에는 보험금을 얼마나 받을 수 있을까? 보험회사의 지급정지 혹은 파산 후, 즉 예금 지급 공고일 이후에 질병이나 재해사고 등의 보험금 지급 사유가 발생했다면 이 경우 예금보험공사는 사망보험금 또는 사고보험금을 보호해주지 않는다. 따라서 보험계약자는 예금보험공사에서 소정의 금액을 받든, 아니면 예금보험공사와 관계없이 파산절차에 참여하여 보험회사의 파산재단에서 받든 둘 중 하나를 선택해야 한다.

단, 상법이나 보험업법은 보험회사가 해산 또는 파산을 선고한 날로부터 3개월간 해약하지 않은 기존의 계약은 유효하다고 규정하고 있으므로 예금보험공사에서 소정의 금액을 지급받지 못한 보험계약자는 사망(사고)보험금을 청산인이나 또는 파산 관할법원에 청구할 수 있다.

결국 무엇보다 중요한 점은 보험에 가입하고 나서 이러한 상황이 발생하지 않도록 맨 처음 보험가입 시 보험회사를 올바로 선택하는 것이다. 사고로 사망이나 후유 장해를 당한 것도 기가 막힌데 보험금까지 제대로 받지 못하면 얼마나 억울하겠는가. "만사 불여튼튼"이라는 말처럼 처음부터 꼼꼼히 어떤 보험회사가 우량 회사인지를 살펴보고 가입하는 것이 현명한 처사다.

262

예금보호제도란 무엇인가?

 1995년 제정된 예금보호제도는 IMF 관리 체제에 들어 금융 구조조정을 거치면서 금융기관의 부실화에 따른 가입자 보호를 위한 제도로 2001년부터 시행되고 있다. 만약 금융기관이 파산하여 해당 금융기관이 고객의 예금을 지급하지 못하게 될 경우 예금자는 이자는커녕 원금도 전혀 못 받을 수 있다. 이는 개인에게 엄청난 경제적 타격임은 물론이고, 우리나라 금융거래 제도의 안전성에도 매우 큰 타격이다. 그러므로 정부에서는 이러한 사태를 미연에 방지하기 위해 예금자보호법에 따라 제도적으로 예금보험기금을 조성하여 고객의 예금을 보호하고 있다.

 예금보험이란 '동일한 종류의 위험을 가진 사람들이 평소에 기금을 적립하여 만약의 사고에 대비한다'는 보험 원리를 이용하여 예금자를 보호하는 공적보험제도다. 따라서 예금보험기금은 보험회사가 파산 등으로 보험금을 지급할 수 없게 되었을 때 보험회사가 지급해야 할 금액의 전부 또는 일부를 예금보험공사가 직접 지급하거나 또는 정리금융기관을 통하여 대신 지급을 보장해주는 예금대지급금이다.

　다시 말해, 예금보호제도는 금융기관이 파산 등으로 고객 예금을 지급하지 못하게 될 경우에 예금보험공사가 금융기관으로부터 보험료를 받아 적립해둔 예금보험기금으로 예금을 대신 지급하는 제도라 할 수 있다. 현재 보험가입자 1인당 보호금액은 이미 납입한 보험료의 원금과 소정의 이자를 포함하여 최고 5,000만 원이다.

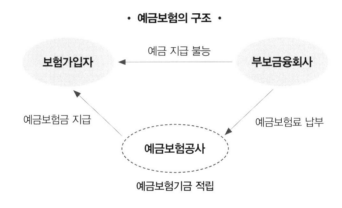

· 예금보험의 구조 ·

예금 지급 불능

보험가입자　　　부보금융회사

예금보험금 지급　　　　예금보험료 납부

예금보험공사

예금보험기금 적립

　예금자보호법에 의해 설립(1996년)된 예금자보호기관인 예금보험공사는 금융기관과 거래하고 있는 일반인들을 보호함으로써 금융거래 제도를 안정화하는 업무를 담당한다. 평소에는 금융기관으로부터 예금보험료를 받아 예금보험기금을 적립한 다음 경영 악화, 인허가의 취소, 해산, 파산 또는 계약 이전 등으로 인해 금융기관이 예금을 지급할 수 없는 상황(예금보험사고)이 발생해 금융감독원 당국이 예금 지급의 정리 명령을 내린 경우 예금보험의 적용 대상 기관인 부보금융회사가 해당 금융회사를 대신하여 예금을 지급한다.

만약 금융기관이 납부한 예금보험료만으로 예금을 지급할 재원이 부족할 경우에는 예금보험공사가 직접 예금보험기금 채권을 발행하는 등의 방법으로 재원을 조성하여 예금을 지급한다.

그런데 예금보험가입 금융기관이 취급하는 모든 금융 상품이 예금보호를 받는 것은 아니며, 예금만을 보호해준다. 예금은 금융기관이 만기일에 약정된 원리금을 지급하겠다는 약속하에 고객의 금전을 예치받는 금융 상품이므로, 예금보험의 대상 또한 이러한 상품만 해당되는 것이다. 즉, 실적 배당의 신탁 상품과 같이 고객이 맡긴 돈을 유가증권이나 대출 등으로 운용한 실적에 따라 원금과 이자, 배당 등 수익을 지급하는 투자 상품은 예금, 즉 예금보험 대상 상품이 아니므로 보호되지 않는다. 단, 변액보험은 실적배당형의 간접투자상품이지만 적립식 펀드와 달리 보험 상품 특유의 최저보장보험금 지급보장제도의 기능이 있으므로 일반보험과 동일하게 5,000만 원까지 예금자보호 규정을 적용받는다.

예금보험공사가 보험금을 지급하는 예금보험사고는 예금보험에 가입한 금융기관이 예금 인출 사태 등으로 예금 지급이 정지되는 경우 등의 1종 보험사고와 금융기관의 인가 자체가 취소되는 2종 보험사고로 구분된다.

1종 보험사고가 발생하면 예금보험공사에서는 조속히 예금 가지급금 지급을 결정하고 지급 공고를 한다. 이때 가지급금의 지급 한도 금액은 예금보험공사 사장을 위원으로 하는 운영위원회에서 결정한다.

2종 보험사고의 경우는 가지급금 지급 절차 없이 바로 보험금 지급 공고 후 예금자들의 보험금 지급 청구에 따라 보험금을 지급한다. 보험금 지급액과 지급 시기 및 사고 금융기관의 정리 절차 등은 1종 보험사고의 경우와 같다.

가지급금 지급 공고 후 예금자들은 가지급금을 청구하고, 청구한 금액에 따라 예금보험공사에서는 가지급금을 지급한다. 이 경우 재산 실사를 실시하기 때문에 예금의 지급이 정지된 날로부터 실제로 고객이 예금을 받기까지는 보통 2~4개월이 걸린다.

이러한 예금보험사고가 발생하면 예금보험공사가 예금 등의 지급에 필요한 준비를 마친 후 지급의 시기 및 방법 등을 신문에 공고하므로 예금자들은 공고된 내용에 따라 예금을 지급받으면 된다.

보험 테크 TIP

부보금융회사(部保金融會社)란 예금보험공사에 예금보험료를 납부하는 동시에 보험보장을 받는 금융기관으로서 은행, 증권회사, 보험회사(생명보험, 손해보험), 종합금융사, 상호저축은행 등 5개 금융업권이 이에 해당된다. 이외에 농협 및 수협의 중앙회도 적용받는다. 그러나 새마을금고, 신협, 농협 및 수협의 지역조합은 예금보험공사의 보호대상 금융회사가 아니므로 부실에 따른 파산 등으로 영업이 정지될 경우 예금보험공사가 책임을 지지 않는다. 이들 금융회사는 자체 설립근거 법률에서 정한 바에 따라 예금자보호를 해주고 있다.

이런 보험은
절대로 해약하지 마라

경기 침체의 여파로 살림살이가 어려워지면 보험료 납입을 연체하거나 보험을 해약하려는 사람들이 늘어나고, 이로 인해 효력을 잃은 효력 상실 보험 해약 건수가 늘어난다. 매달 꼬박꼬박 나가는 보험료가 부담스럽기 때문이다. 이처럼 가계 살림은 빠듯해진 반면 소득은 늘지 않아 궁여지책으로 적금과 보험을 해약하는 가정이 빈번히 발생하는데, 보험을 해약할 때는 신중에 신중을 기해야 한다. 보험은 중도 해약하면 상당한 손해를 감수해야 한다. 세제상 불이익까지 받을 수도 있다.

경우에 따라서는 이자는 물론이고 원금까지 손해 볼 수 있고 엎친 데 덮친 격으로 큰 사고라도 나면 가정의 파탄까지 몰고 올 수 있다. 특히 보험 리모델링을 한답시고 덥석 아무 상품이나 해약하면 이는 자칫 소탐대실이 될 수도 있다. 당장은 몇 푼이 필요해 해약하지만 그것이 나중에 그 수십 배, 아니 수백 배가 되어 돌아올 기회를 놓치는 우를 범할 수도 있기 때문이다. 아무리 생활이 어려워도 절대 해약해선 안 되는,

해지하면 오히려 '독'이 되는 11가지 경우는 다음과 같다.

1. 과거에 가입했던 확정 금리형 고이율 상품

종신보험이나 연금보험은 고객이 낸 보험료 가운데 저축보험료 부분에 대해 이자를 붙여주는데, 이때 작용하는 금리가 예정이율이다. 예정이율은 시중 금리가 떨어져도 변하지 않는 고정 금리이기 때문에 과거 높은 예정이율로 가입한 보험은 해약하지 않는 것이 유리하다.

최근 판매되는 보험 상품은 예정이율이 2~3%대로 낮은 데다 시중 금리에 따라 변동하는 금리 연동형 상품이 대부분이다. 그렇지만 1990년대에 판매된 상품은 7.5% 이상의 고금리 확정형 상품이 많았다. 2001년 1월 31일 이전에 가입한 연금보험이나 저축보험은 예정이율이 연 6.5%가 넘었다. 이렇게 큰 이율이 발생하는 상품은 현재는 없다.

설령 변액보험이나 유니버설보험을 가입한다고 해도 내가 낸 총보험료 대비 만기금을 기준으로 한다면 10년 이상이 경과했을 때 과거의 확정 금리형 상품, 거기다가 배당까지 주어지는 상품을 능가할 보험은 결코 없다고 단언할 수 있다. 따라서 이러한 보험은 해약하면 수익이 확실하게 보장되는 부동산 등에 투자하지 않는 한 무조건 손해라는 사실을 명심해야 한다. 특히 연금저축은 중도 해지하면 해지가산세를 물어야 한다.

확정 이율형 고금리 계약은 예정이율이 한번 정해지면 보험기간 내에 동일한 금리를 적용받는다. 그러나 해약하거나 다른 상품으로 갈아타면 이런 혜택을 전혀 받을 수 없다.

참고로 예정이율이란 보험회사가 보험료를 산출할 때 내부적으로 적용하는 이자율이다. 은행 금리가 올라가면 소비자에게 유리한 것과 마찬가지로 계약자 편에서는 보험 상품의 예정이율도 높을수록 좋다. 즉, 예정이율이 낮으면 똑같은 보험금을 수령하기 위해 고객이 내야 하는 보험료가 오르게 된다. 결국 과거에 가입한 보험이 그만큼 저렴하다는 의미다. 현재의 약관 대출 이율보다도 상품의 예정이율이 더 높다. 지금 대부분의 보험회사에서는 약관 대출 이율을 적게는 6.5%에서 많게는 10%까지 적용하고 있다.

2. 순수 보장형의 필수 생활 보장형 상품

순수 보장형 상품은 보험료가 매우 저렴하여 가계에 그리 큰 부담을 주지 않는데도, 이를 간과하고 급전이 필요할 때 무심코 해약하는 경우가 종종 있다. 그러나 살림이 빠듯해도 암보험과 상해보험은 절대 해약하지 말아야 한다.

가정경제가 어려운 상황에서 필수 생계형 보험마저 해지하면 나중에 낭패를 볼 수 있기 때문이다. 따라서 질병보험, 상해보험, 간병보험 등 저렴한 보험료로 특정 위험을 중점적으로 보장해주는 필수 생계형 보험 상품은 가능한 한 계속 유지하는 것이 좋다. 이런 보험은 보험료 부

담은 크지 않으면서도 암에 걸리거나 사고, 질병이 닥치면 큰 도움이
될 수 있다. 저렴한 보험료로 고액 보장을 받을 수 있는 것이다.

3. 현재 조금이라도 보장을 받고 있는 상품

지금 만약 그 상품으로 인해 조금이라도 보장을 받는 급부가 있다면
이를 해약해선 안 된다. 생명보험의 경우, 어떤 질병으로 인해 보장 혜
택을 받았다면 종신보험이나 CI보험 등 종합 보장형 상품은 아예 가입
이 되지 않는다. 그 질병뿐만 아니라 다른 질병에 대한 특화 보험을 가
입할 때도 지장이 있다. 그만큼 위험 발생 가능성이 크기 때문이다. 따
라서 이러한 상품은 절대로 해약하지 말아야 한다.

4. 가입 기간이 오래된 보험

젊었을 때 가입한 보험을 말한다. 대부분의 보험은 가입 당시의 연령
이 높아질수록 보험료가 비싸지므로 젊은 나이에 가입한 상품이 상대
적으로 유리한 셈이다. 상품 개발 시 젊었을 때에는 실제 위험 확률은
낮지만 보험료를 다소 높이고 나이가 들었을 때에는 위험 확률이 높지
만 덜 내는 구조로 설계하여 가입기간 동안 동일한 보험료를 내도록 하
고 있다. 따라서 젊었을 때 가입한 보험을 해지하면 그만큼 손해다. 특

히 생명보험 상품은 젊었을 때에는 저렴한 보험료로 가입이 가능하지만 나이가 들면 보험료(위험보험료 및 손해율 증가)를 많이 내야 가입이 가능한 경우가 많다.

5. 보험기간 중 건강 상태가 나빠졌을 때

건강이 나빠졌다면 기존에 가입해둔 보험을 유지하는 것이 좋다. 가입 당시에는 건강에 문제가 없었으나 이후 고혈압, 당뇨병 등 성인병에 걸렸을 경우 해약하면 다시 같은 보험에 가입할 수 없는 경우가 많다.

일반적으로 대부분의 보험 상품은 중대한 질병에 대한 경과조치 기간(면책기간)을 2년으로 잡고 있다. 그러나 이 경우 보험 상품에 따라 보험사고 발생 시 전액 보장이 아닌 일정률로 감액하여 지급한다. 따라서 건강에 약간이라도 이상이 있다는 징후가 보이거나 병원에서 이와 관련해 조금이라도 치료를 받은 적이 있으면 해당 보험은 절대로 해약해선 안 된다. 그와 관련된 보험을 다시 가입하기가 힘들기 때문이다.

6. 직업이 위험 직종으로 바뀌었을 때

위험 직종은 보험가입 절차가 까다롭고 보험료도 비싼 만큼 기존 계약의 해지를 재고할 필요가 있다. 직업이 위험 직종으로 바뀐 경우에는 보험계약을 끝까지 유지하는 것이 바람직하다. 확정 이율형의 고금리 상품과 필수 생계형 상품을 비롯해 특정 직업에 대해 가입 제약 조건을 두는 보험, 나이가 많아져 다시 가입하기 어렵거나 또는 가입할 수 있더라도 보험료가 비싼 보험 상품은 절대 해약해선 안 된다.

7. 질병보험 상품

동일한 보장을 해주는 경우 옛날 상품이 현재 상품보다 낫다. 암보험 상품의 경우 과거에는 횟수에 상관없이 평생 보장되었지만 지금은 입원 시 1회 입원당 120일을 초과할 경우 보험금이 지급되지 않는다. 또한 과거에는 동일한 질병일 경우 차후 발생 시에도 중복 지급이 가능했지만 요즈음 상품은 거의 통합화되어 있어 1회 지급만으로 종결된다.

8. 배당 상품

배당 상품은 만기까지 유지하는 것이 재테크의 지름길이다. 2000년 이전에 가입한 보험 상품 중 배당형 상품은 절대 해약해선 안 된다. 순수 보장성보험의 경우 매년 수령하는 배당금이 많게는 1회 보험료의 두 배 이상이다. 이런 보험은 사채 이자보다도 배당금이 더 많다.

간혹 보험회사에서 일부러 고객에게 전화를 해서는 이러한 보험의 해약을 종용하는 경우가 있다. 명목상으로는 보험 리모델링이라는 미명하에 종신보험이나 질병보험 상품으로 갈아타라면서 보험 상품의 수선을 권하는데, 여기에 넘어가서 해약해선 절대로 안 된다. 사실 보험회사에서 해약을 권유하는 이유는 그 상품의 수익률이 그만큼 많이 발생하여 회사에는 별로 이익이 되지 않기 때문이다. 거꾸로 말하면 고객에게 매우 큰 이익이 주어지고 있음을 반증하는 것이다. 지금은 보험회사들이 향후 이익의 불투명성을 고려해 이 같은 배당 상품을 거의 판매하지 않는 실정이므로 배당 상품은 반드시 유지해야 한다.

9. 동종의 다른 보험이 전혀 없는 경우

암보험 등 질병보험은 '대타'를 만들지 않고서 무조건 해약해선 안 된다. 보험사고 발생 시 가입 즉시 보험 혜택을 받는 것이 아니라 일정 기간이 경과된 후 혜택을 받기 때문이다. 암보험은 가입한 다음 만 90일이 경과된 시점부터 보험 혜택을 받을 수 있다. 더 좋은 보험에 가입하려고 해약했다가 그 사이 암에 걸리기라도 한다면 보통 손해가 아니다.

따라서 이런 경우를 방지하려면 새로운 암보험의 책임 개시일이 시작되기 전에 기존 암보험을 해약 또는 실효시켜서는 안 된다. 요령은 다음과 같다. 새 보험에 가입한 뒤 기존 보험의 보험료 1개월 치를 더 낸다. 그리고 2개월은 연체한다. 보험료는 두 달 연체해도 보험 효력은 그대로 살아 있다. 이렇게 90일을 넘긴 뒤 기존 보험을 해약하면, 중간에 생긴 공백 기간 때문에 억울한 일이 발생하는 것을 막을 수 있다.

10. 납입기간이 끝났지만 보험기간이 먼 상품

보험료의 납입기간과 보험기간이 서로 다른 계약이 있다. 그러한 보험에 가입해서 보험료는 기간을 채워 다 내놓고 갑자기 자금이 필요할 때 무심코 해약하는 경우가 있다. 특히 배당 상품의 경우 배당을 다 받고 나면 보험기간이 많이 남아 있어도 해약을 하곤 하는데, 이는 매우 위험한 발상이다. 이러한 보험 상품은 보험료 납입이 끝났다는 생각을 아예 하지 않는 것이 좋다.

11. 세제 혜택 기간일 때

연금저축은 중도 해지 시 수수료율 등이 높아 손해가 발생한다. 연금저축은 세액공제 혜택이 주어지는 상품으로, 이를 역이용하는 것을 방지하기 위한 제도적 장치로서 중도 해지 시 소득세를 징수함과 더불어 해지가산세를 높게 책정했다. 가입 후 연금 외 수령 시(중도 해지 또는 만기가 되더라도 연금 형태로 수령하지 않고 일시금 등으로 수령하는 경우)에는 과세이연에 따른 패널티를 적용하여 기타소득세로 16.5%(2013년 이전 연금저축은 22%)를 원천징수한다. 특히 가입 후 5년 이내에 해지할 때는 납입

보험료 대비 2.2% 해지가산세가 별도로 과세된다.

　보험료를 낼 금전적인 여유가 없어서, 혹은 보험료 납입 도중에 목돈이 급하게 필요해서 보험을 해약하는 경우에도 자산 가치의 하락을 막는 요령이 필요하다.

보험가입자는 제도적으로
어떻게 보호받고 있나?

보험가입자는 보험회사의 존립에 가장 큰 영향을 미치는 사람이다. 그중 특히 보험계약자는 보험회사를 먹여 살리는 사람으로서 실질적으로 보험회사의 주인이라고 할 수 있다.

그러나 이 주인인 보험계약자에 대하여 보험회사는 단지 보험 상품을 판매해 돈(보험료)을 거둬들이게 해주는 물주(物主)로만 생각할 수도 있다. 어찌 보면 지금까지 보험계약자를 '봉' 취급했는지도 모른다. 그러나 계약자를 소중히 여기지 않는 보험회사는 결코 올바르게 성장할 수 없다. 적은 이익을 내더라도 계약자의 이익을 위해 정성을 다하며 보험 상품과 각종 제도를 혁신적으로 고치는 회사는 언젠가는 반드시 큰 회사, 우량 회사로 성장한다. 다른 금융기관들과의 경쟁에서 우위를 선점해 고객을 유치하기 위해서라도 보험회사는 보험계약자에 대한 보호를 반드시 제도적으로 안전하게 마련해야 한다.

그러나 보험회사는 영리 업체이고 이윤 추구가 가장 큰 사업 목적이므로 보험계약자의 보호를 등한시할 수 있다. 더구나 보험계약자들은 그 여건이나 생리상 일치단결하여 보험회사에 현실적으로 대응하기가 불가능하다. 보험계약자 개개인은 보험회사에 비해 약자일 수밖에 없다. 보험회사가 잘못을 해도 대응할 힘이 없는 미약한 존재다. 따라서 보험계약자를 보호하기 위해서는 이들의 대변인이자 울타리인 정부가 나서야 한다.

정부에서는 제도적으로 보험계약자를 보호할 수 있도록 정부 차원에서 또는 보험회사에 실질적인 권한을 행사하여 다양한 보험계약자 보호 장치를 마련해놓고 있다. 현재 마련된 보험계약자 보호 제도에는 다음과 같은 것들이 있다.

· 보험계약자 보호 제도 ·

구분	목적	보호 내용
보험계약자 보호 예탁금	보험회사 설립 초기의 경영 미숙에 대비한 보험계약자 보호 제도	대통령령에 의하여 납입 자본금 또는 기금의 30% 이상 50% 이하를 금융감독원에 예탁함
예금보험 기금 제도	예금자보호법에 의해 보험회사 파산에 대비한 보험계약자 보호 제도	개인보험 및 퇴직보험계약의 상시 보호 가능. 파산 시점에 따라 기준 금액을 국가가 보장함
보험 정보 공시	보험회사에 대한 정보를 보험계약자에게 공시하는 제도	정보의 내용에 따라 정기 공시, 개별 공시, 수시 공시 등 공시 의무를 법률로 정함
보험계약 재확인 제도	보험회사가 보험계약 내용을 보험계약자에게 재확인하는 제도	청약서 자필 서명, 고지 의무 이행, 약관 및 청약서 부본 전달 등의 여부를 보험증권에 표기하여 확인함

구분	목적	보호 내용
금융분쟁 조정위원회	보험계약자와 보험회사 간의 분쟁 발생 시 이를 조정하여 계약자의 불이익이 없게 하는 제도	민원 발생 시 이를 심의·의결하고 조정하여 계약자의 불만 사항을 해결함
소비자상담실 운영	소비자상담실을 설치 운영하여 서비스를 제공하는 등 보험계약자를 보호하는 제도	생·손보협회, 각 보험회사에 소비자 상담실을 설치하여 궁금한 사항이나 계약상 문제 발생 시 상담 서비스를 제공함
보험 품질보증 제도	보험 모집 질서 확립과 공정 경쟁 질서 유지로 보험가입자의 권익을 보호하기 위한 제도	보험 상품에 대해 설명을 듣지 못했거나, 청약서 자필 서명을 하지 않았거나, 약관 및 청약서 부본을 전달받지 못한 경우 계약일 기준 3개월 이내에 계약을 해지할 수 있음
청약 철회 청구 제도	보험계약자가 보험계약을 체결한 후 계약 상품의 내용을 검토할 수 있도록 시간적인 여유를 주어 청약을 철회할 수 있게 만든 계약자 보호 제도	보험계약자가 청약을 한 날로부터 15일 이내(전화·우편·컴퓨터 등의 통신 매체를 통한 보험계약의 경우에는 청약을 한 날로부터 30일 이내)에 청약을 철회할 수 있음

보험에 가입하면
언제 어떤 서비스를 받나?

보험 상품에 가입하면 다양한 서비스를 받을 수 있다. 보험 상품 자체가 단지 구매로 끝나는 것이 아니라 경우에 따라서는 평생 동안 유지해야 하므로, 그 기나긴 기간 동안 가입자의 만족을 위해 여러 가지 서비스를 실시해준다. 보험에 관한 서비스뿐만 아니라 생활 정보 및 서비스, 주식거래, 문화 정보, 열린 광장 등 누구나 부담 없이 쉽게 접할 수 있는 서비스를 제공하고 있다. 보험회사가 다른 금융기관보다 차별화된 서비스를 할 수 있는 것도 보험의 특수성 때문이다.

보험회사가 가입자에게 제공하는 서비스는 크게 가입 전, 가입 시, 유지 시, 만기 시, 만기 후 등으로 구분할 수 있다. 가입 전에는 보험에 대한 각종 정보를 제공하고, 가입 시에는 축하와 감사의 표시를 한다. 유지 시에는 보험을 올바로 유지할 수 있도록 다양한 서비스를 제공하고 있으며 만기 시에는 답례품을 지급해준다. 좀 더 구체적으로 어떤 서비스를 어떻게 받을 수 있는지 자세히 알아보면 다음과 같다.

• 보험가입자를 위한 각종 서비스 제도 •

시기	서비스 종류	내용	제공자
가입 전	보험 정보 제공	고객이 보험 상품을 비교 검토한 후 본인에게 알맞은 상품을 선택할 수 있도록 보험회사 지점마다 모든 보험회사 상품 목록 비치	보험회사
	보험 상품 안내	인터넷을 통해 보험 정보를 즉시 알 수 있도록 홈페이지 개설 또는 사이버 보험 거래 실시	
	재무분석 실시	가정의 재무분석을 정확히 실시하여 이를 토대로 포트폴리오 차원에서 최적의 재정 안정 설계를 입안, 제공	
	생활 정보 제공	고객에게 생활에 필요한 각종 정보 및 운세 풀이, 날씨, 주식거래, 생체리듬, 생활 설계, 문화·레저, 건강진단, 자동차 운행 등 자료를 직접, 또는 인터넷을 통해 제공	보험회사, 보험컨설턴트
가입 시	축하 및 감사 표시	보험가입에 대한 축하와 아울러 감사의 표시로 성의 전달	보험컨설턴트
유지 시	보험료 할인	가입 상품의 종류 및 가입 조건 등에 따라 고액 계약 할인, 장기 계약 유지 할인, 건강체 할인, 단체 할인 등 다양한 할인을 제공	보험회사
	상담 서비스	보험과 관련한 계약 내용 및 대출 조회 등을 전자식 전화기로 자동응답(ARS)해주거나 또는 인터넷을 통하여 고지(정기적으로 이메일로 고지)	
	자동 송금 서비스	자동 송금 서비스 신청 시 만기 보험금 및 매년 또는 매월 정기적으로 발생하는 보험금(분할 보험금, 연금 등)에 대해 내방 또는 청구 절차를 거치지 않고 해당 지급 일자에 등록한 은행 계좌로 자동 송금	
	각종 대출 혜택	보험가입 후 일정 기간 동안 계약을 유지하다가 보험약관에 정해진 바에 따라 대출을 받을 수 있어 손쉬운 자금 마련을 가능하게 하는 것으로 약관 대출, 신용 대출, 부동산담보 대출 등이 존재	
	펌뱅킹 서비스	제휴 은행을 통해 전국 어느 곳에서나 편리하게 보험료 및 보험금, 대출 원리금 등의 입출금이 가능	

시기	서비스 종류	내용	제공자
유지 시	무료 건강검진	계약자의 건강 보호를 위해 보험 종류, 보험계약 유지 횟수, 납입 보험료 합계 등을 감안하여 무료로 종합검진 및 건강 상담(전화 의료 상담 등)을 제공	보험회사
	헬스케어 서비스	보험회사가 건강관리센터나 의료지원센터와 협약을 맺고 고객에게 건강관리나 질병관리, 치료관리 등의 서비스를 제공. 평상시에는 건강 상담과 건강 정보 제공, 건강검진 예약 대행 등 건강관리 서비스를 제공	
	텔레 서비스	보험회사 창구 직원 누구를 찾아가더라도 한곳에서 보험금 수령, 약관 대출, 해약, 보험료 납입 등 각종 업무를 처리할 수 있는 제도	
	계약 유지 서비스	보험료를 제때에 내기 어려울 때 활용할 수 있는 계약 순연 부활, 보험료 자동 대출 납입, 보험료 감액 일시납, 상품 교환 등 다양한 보험계약 유지 서비스 제도 실시	
	보험료 추가 납입	기본 보험료 이외에 일정 기간 동안 보험료를 추가로 납입할 수 있는 제도(저축성보험에 보험료를 추가 납입하면 사업 절감 효과로 해지환급률이나 만기환급률이 높아짐)	
	대체 납입 제도	해지환급금(적립금)으로 보험료가 대체 납입되는 제도	
	감액 완납 제도	현재까지 납입한 보험료만큼의 보장으로 가입 금액을 줄인 뒤 납입을 종료하는 제도	
	납입 중지 제도	일정 기간 동안 납입을 중지하지만 실효 또는 해지되지 않도록 막을 수 있는 제도(단, 상품에 따라 불가능할 수 있음)	
	계약 전환 제도	가입한 보험 상품의 수익률이 떨어지고 보험기간 중 가족 구성, 수입 등 생활 설계의 변화에 따라 위험 보장 혜택이 현재는 별로 도움이 되지 않는다고 판단될 경우 같은 성격의 다른 보험 상품으로 전환하여 가입할 수 있는 제도	

시기	서비스 종류	내용	제공자
유지 시	생활 정보 제공	보험 동향, 건강, 시사, 생활 상식, 여행 정보 등을 다룬 계약자용 사보를 제작해 배포하고, 일상생활에 필요한 각종 정보 자료를 수시로 제공	보험회사, 보험컨설턴트
	고객 감동 제공	대출이나 보험금 지급 사유 등이 발생했을 경우 직접 처리해주기 위해 노력하며, 계약자의 생일, 결혼 기념일, 회갑 및 자녀 돌, 입학 등 각종 경조사 시 끈끈한 정을 나눔	보험컨설턴트
	자동차 서비스	배터리 고장·타이어 펑크·연료 고갈 또는 자동차 문이 잠겼을 때 등 운행 불가능 시 긴급 출동 서비스 제공, 사고 접수·입원 수속 대행·자동차 검사 대행 등 실시, 견인·브레이크 또는 전조등 불량 교체·오버히트 조치·팬 벨트 교환·브레이크 오일 및 엔진오일 보충·윈도 브러시 교환·퓨즈 교환·라디에이터 캡 교환 등 무료 점검 서비스 제공	손해보험회사
	이동 보상 서비스	휴가철 전국 주요 휴양지에서 교통사고 발생 시 사고 접수, 사고 현장 긴급 출동, 차량 수리비 현장 지급, 보험가입사실증명원 발급 등의 서비스 제공	
	콜 서비스	보험계약 관련 사항 등으로 상담할 경우 무료 통화 제공	보험회사
	보험료 납입 중지	일시적으로 보험료 납입이 곤란할 경우 일정 기간 동안 보험료를 납입하지 않아도 보험계약 유지 가능	
	보험료 자동 대출 납입	보험료 연체 시 납입최고 기간이 경과되기 전까지 보험가입자가 보험료의 자동 대출을 신청하면 약관 대출이 가능한 금액의 범위 내에서 보험료가 자동 대출, 납입되어 보험계약 유지 가능	
	예금보호 대상 확인 서비스	인터넷 홈페이지의 가입 회사 및 상품 코너를 통해 자신이 가입한 보험 상품이 예금보호 대상인지 여부를 확인 가능	예금보험공사
만기 시	기념품 지급	만기 계약자에게 축하와 감사의 답례품 제공	보험회사
만기 후	계약 조회 확인 제공	보험가입자가 사고를 당했을 경우 가족들이 당사자의 보험가입 여부를 알지 못할 때 조사 확인하여 알려줌	

보험금 지급 사유가 발생하면 어떻게 대처해야 하나?

　보험에 가입하는 목적은 살아서 또는 사망이나 후유 장해 시 보험금을 지급받기 위해서다. 따라서 가입한 보험을 통해 보험금 수혜를 최대한도로 받을 수 있는 방법을 미리 알아두고 보험사고가 생겼을 때 신속하게 대처해야 한다. 사고 발생을 즉시 보험회사에 알리고 보험증권을 비롯해 기타 사고 증명서와 진단서를 첨부해야 빠르게 보험금을 받을 수 있다.

　보험금은 보험금 청구권 소멸 시효인 2년이 경과하기 전에 청구한다. 보험 상품은 다른 금융 상품과 달리 보험의 모집, 계약 보험금 지급 등과 관련해 분쟁의 소지가 다분하므로 보험 분쟁 시 어떻게 대처해야 하는지도 알아두도록 한다.

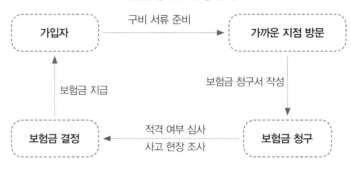

· 보험금 청구 및 수령 절차 ·

먼저 보험금 수혜의 대상, 즉 보험회사가 보험금(보상금)을 지급해줄 사유(사건)에는 어떤 요소들이 있는지를 살펴보면 다음과 같다.

· 보험금 지급 사유 및 보험금 종류 ·

구분	급부 시기	지급 보험금
피보험자 생존 시	유지 시	학자금, 축하금, 연금, 생활 자금, 배당금, 보험금 선지급 등
	해약 시	해약환급금(순수 보장성 및 손해보험은 제외)
	만기 시	만기보험금
피보험자 사고 시	입원 시	입원비, 수술비, 암 등 질병 시 진단 자금, 부상 치료비, 질병 치료비, 상해 의료비 등
	후유 장해 시	생보(1~6급)·손보(1~14급): 장해 급여금(정액 또는 실손보상), 간병비, 요양비, 통원비 등
	사망 시	일반사망보험금, 재해사망보험금, 라이프니츠식에 의한 손해보상금(손해보험의 경우 대인 사고)
	손실 시	담보 물건에 대한 손해율 적용 보상, 재산손해보상, 배상책임손해보상

이러한 보험금 지급 사유가 발생했을 경우 이에 해당되는 보험금을 지급받기 위하여 보험금 청구권자는 조속히 대처해야 한다. 보험금 청구권자는 인보험(생명보험과 상해보험)과 손해보험이 각각 다르다. 또 피보험자의 생존 시와 사고 시가 각각 다르다.

피보험자 생존 시의 보험금 청구권자

생명보험과 상해보험 등 인보험 상품의 보험금 청구권자는 피보험자 생존 시에는 보험수익자를 다른 사람으로 따로 지정하지 않는 한 보험계약자가 보험금 청구권자가 된다. 즉, 만기보험금의 경우 보험계약자가 보험수익자가 된다.

손해보험 상품의 보험금 청구권자는 피보험자 생존 시에는 피보험자 본인이다. 손해보험계약에서 피보험자는 인보험과 같이 보험가입 대상이 되는 사람이 아니라 피보험이익의 주체로서 사고가 발생했을 경우 손해를 보상받는 사람이다. 즉, 손해보험에서는 보험가입 대상이 재물이고, 생명보험이나 제3분야 보험 등 인보험에서는 보험가입 대상이 사람이다.

피보험자 사망 시의 보험금 청구권자

생명보험과 제3분야 보험의 경우 피보험자 사망 시 보험금 청구권자는 보험수익자다. 이 경우 피보험자와 보험계약자가 동일인이 아니고 보험계약자가 사망 시 수익자를 본인으로 하였으면 사망보험금의 청구권자는 보험계약자가 된다.

그러나 피보험자의 사망 시 수익자를 다른 사람으로 하였을 경우에는 그 다른 사람이 사망보험금의 청구권자가 된다. 만약 사망 시 수익자를 지정하지 않았으면 법정상속인이 보험수익자가 되어 보험금을 청구할 권리를 갖는다.

손해보험의 경우 피보험자는 생명보험이나 상해보험과 같이 보험사고 발생의 객체가 되는 사람이 아니라 보험사고가 발생했을 경우에 보험금을 청구하는 사람이다. 따라서 손해보험계약에서 보험사고 발생의 객체는 사람(피보험자)이 아닌 물건(재산)이므로, 피보험자의 사망과 사망보험금과는 아무런 상관관계가 없다. 즉, 피보험자가 사망하더라도 사망보험금은 지급되지 않는다.

예를 들어 주택을 담보로 하여 화재보험에 가입했을 경우, 이는 화재로 인해 입은 손해를 보상해주는 것이지 사람이 사망한 것에 대한 손해를 보상해주는 것이 아니다. 물론 상해보험을 첨부하는 종합보험은 다르지만 기본 원리는 이러하다. 그러나 자동차보험의 경우 자손 사고나 무보험 상해보험을 담보로 하여 종합보험에 가입했다면 피보험자 사망 시 사망보험금이 지급되는데 이때의 사망보험금 청구권자는 법정상속인이 된다.

손해보험 상품은 상해보험을 제외하고는 피보험자 사망 시의 보험수익자를 생명보험이나 손해보험과 같이 따로 미리 지정할 수 없다. 쉽게 얘기하면 손해보험에서의 피보험자는 주로 보험계약자와 동일인이라고 생각하면 된다.

· 보험금 청구권자 ·

구분	인보험(생명보험, 상해보험)	손해보험
피보험자 생존 시	· 보험수익자를 다른 사람으로 지정했을 경우: 보험수익자 · 보험수익자를 다른 사람으로 지정하지 않았을 경우: 보험계약자	피보험자
피보험자 사망 시	· 보험수익자를 지정했을 경우: 사망 시 수익자 · 보험수익자를 지정하지 않았을 경우: 법정상속인	보험금 발생하지 않음(단, 자기신체손해 사고나 무보험 상해보험에 가입 후 교통사고가 발생했을 경우에는 법정상속인)

보험금의 청구

피보험자의 생존 시 생존보험금을 지급받기 위해서는 보험계약자(손해보험은 피보험자) 또는 보험수익자(만기 시에만 해당)가 필요한 서류를 제출하여 보험금을 청구하면 된다.

피보험자 사고 시에는 보험가입자(보험계약자 또는 보험수익자)가 직접 보험회사에 미리 알리고 필요한 서류를 구비한 후 제출하여 보험금을 청구한다. 피보험자가 생존할 시에는 언제 얼마의 보험금이 지급된다고 보험가입자에게 우편(또는 메일, SMS 등)을 통하여 보험회사에서 알려 주지만, 피보험자 사고 시에는 보험회사가 사고 발생 자체를 알지 못한다. 따라서 반드시 보험가입자가 사고 발생을 보험회사에 알려야 할 의무가 있다. 이를 통지 의무라고 한다.

보험금 수령을 위해 필요한 서류를 알아보면, 피보험자의 생존 시 보험금(생존보험금)을 수령하기 위해서는 보험계약자(손해보험은 피보험자) 또는 보험수익자(만기 시에만 해당)가 필요한 서류를 제출하여 보험금을 청구하면 된다. 생존보험금 지급 사유가 발생하면 상품 약관에 따라 계약자에게 보험금 수령 안내장을 발송하는데, 계약자는 청구 서류를 구비하여 해당 보험사의 지급 창구를 찾아가 보험금 청구를 하면 된다.

이때 필요한 서류는 보험증권, 주민등록증, 도장, 최종 납입 영수증 등이다. 보험사고별 구비 서류는 보험회사마다 다를 수 있으므로 더 정확한 것은 해당 보험사에 문의하여 처리한다.

· 보험금 등의 청구 시 구비 서류 ·

본인 직접 수령 시	신분증, 도장, 보험증권(최종 보험료 납입 영수증 또는 보험료 자동이체 통장으로 대체 가능), 사고 증명서(사망진단서, 장해진단서, 입원치료확인서 등), 기타 보험금을 수령하는 자(보험수익자)가 보험금 등의 수령에 필요하여 제출하는 서류
위임(대리인) 수령 시	계약자 인감증명서 및 위임장, 수령인 신분증 및 도장, 보험증권(최종 보험료 납입 영수증 또는 보험료 자동이체 통장으로 대체 가능)

※ 신분증은 주민등록증 또는 운전면허증 등 사진이 부착된 정부 기관 발행 신분증이어야 하며, 본인이 아닌 경우에는 본인의 인감증명서를 포함해야 함
※ 병원 또는 의원에서 발급한 사고 증명서는 의료법 제3조(의료 기관)의 규정에 의한 국내의 병원이나 의원 또는 이와 동등하다고 인정되는 국외의 의료 기관에서 발급한 것이어야 함

보험금을 수령할 때는 보험수익자(손해보험은 피보험자)가 보험회사의 지급 창구를 직접 방문하거나, 보험회사로부터 본인 계좌로 온라인 입금을 받는 방법이 있다.

그렇다면 보험금은 언제 받게 되는 것일까? 보험수익자가 보험금 지급 청구 서류를 제출하면, 보험회사는 이를 면밀히 검토한 후 고지 의무 위반이나 역선택 등 보험금 지급상의 결격사유가 없을 때 보험금을 지급한다. 생명보험의 경우 서류 접수 후 3일 이내에 지급한다. 그러나 보험사고 경위에 대하여 사고 조사나 사실 확인이 필요한 경우에는 서류 접수일로부터 10일 이내에 보험금을 지급해도 무방하도록 약관에 규정하고 있다.

생명보험의 경우 가입한 상품의 약관에서 정한 보험금을 전액 지급해준다(정액보험금 지급). 생명보험사는 보험사고가 보험기간 내에 발생하고 피보험자가 보험사고로 사망 또는 장해, 입원 시 뚜렷한 하자가 없는 한 보험금을 반드시 지급할 의무가 있다. 요즘은 계약자 서비스 차원에서 사후 정리 특약이나 여명 급부 특약 등을 붙여 피보험자가 사망하면 24시간 이내에 사망보험금을 선지급해주는 회사도 있다. 또한 CI보험에 가입한 후 치명적인 질병이라고 판단될 경우에는 그 시기에 관계없이 보험금 중 50% 이상을 선지급함으로써 장기 치료 및 입원으로 인한 가계 자금의 압박을 상쇄해준다.

손해보험 역시 생명보험과 마찬가지로 피보험자가 보험사고로 인하여 재산 또는 생명이나 신체에 손해를 입고 보험사고와 손해 발생 사이에 아무런 하자가 없다면 보험금을 지급할 의무가 있다. 이와 같이 하자가 없을 경우 손해보험사는 지체 없이 지급 보험금을 정하고 그 정해진 날로부터 10일 이내에 보험금을 지급해야 한다.

손해보험의 보험금 지급 방식은 생명보험과 차이가 있다. 손해보험에서 지급되는 보험금은 생명보험과 같이 정액보험이 아니라 실손보상 보험금이다. 보험사고 발생으로 입은 손실에 대한 보험금(실손보상보험금)이므로 보험금 지급에 필요한 조사를 하게 되며, 이 조사 기간은 보험사고의 발생 정도에 따라 상당히 유동적이다. 즉, 사고 조사의 경중에 따라 달라진다.

따라서 보험사고의 조사를 단시일에 마치기에는 곤란하므로 보험가입자(피보험자 또는 보험수익자)의 보험금 청구가 있을 때에는 보험회사가 추정하는 보험금의 50% 상당액을 가지급보험금(假支給保險金) 형식으로 미리 지급할 수 있다.

교통사고 시 놓치기 쉬운 보험금

교통사고를 당하면 누구나 당황하기 마련이다. 이럴 때 가해자나 피해자가 보험회사에 연락하면 보상 직원이 출동해 사고 처리를 해주고, 자동차 수리비나 병원 치료비 등 직접손해 보상금도 알려준다. 그러나 보험회사가 모든 걸 알아서 챙겨주는 건 아니다. 렌터카 요금, 교통비, 위자료 등 간접손해 보상금은 운전자가 꼼꼼히 알아봐야 가해자 측의 보험회사에서 받을 수 있다.

대부분의 보험약관이 복잡다단하지만 자동차보험은 보상 기준과 종류가 많아 특히 더 복잡하다. 그래서 교통사고 발생 시에 해당 약관상 보험가입자들이 받을 수 있는 보험금을 놓치는 경우도 있으므로, 어떤 경우에 보상을 받을 수 있는지 잘 알아보고 챙겨야 실질적인 도움을 받을 수 있다.

꼭꼭 숨은 보험금은
어떻게 찾나?

돈이 궁하다 보면 간혹 누구나 이런 생각이 들기도 할 것이다.

'복권이나 살까? 혹시 내가 깜박 잊고 안 찾은 보험금 같은 건 없나?'

보험가입자들이 아직도 찾아가지 않은 보험금, 일명 숨은 보험금의 규모가 몇조 원에 달한다고 한다. 힘들게 불입해온 소중한 내 돈인데 그간 방치했거나 가입한 사실을 행여 잊고 있었다면 이참에 찾아 알토란같이 사용하는 지혜를 발휘해야 한다.

숨은 보험금이란 보험계약에 따라 보험금 지급 사유가 발생하여 지급 금액이 확정되었지만 아직 보험수익자가 청구하지 않았거나 또는 보험회사에서 지급되지 않은 보험금을 말한다. 이러한 숨은 보험금의 종류로는 중도보험금, 만기보험금, 휴면보험금, 생존연금, 사망보험금 등 5가지 유형이 있다.

1. 중도보험금

중도보험금은 피보험자가 보험계약 기간 중 특정 지급 시기가 되었고 생존 등 일정 조건을 만족할 경우 지급되는 보험금을 말한다. 보험 기간 중에 입원 등 주로 생사(生死) 이외의 지급 사유에 해당되는 상태가 되었을 때 지급되는 건강진단자금, 축하금, 자녀교육자금, 자립자금, 생활자금, 여행자금, 배당금, 사고분할보험금 등으로서 중도급부금이라고도 한다. 중도보험금의 경우 보험계약 상태, 즉 실효 및 연체, 소멸 등에 따라 보험 조회가 제한될 수 있고 또한 신청 후 바로 지급되지 않을 수도 있으니 최종 수령 가능 여부는 해당 보험사에 확인해야 한다.

· 유형별 중도보험금의 지급 내용 ·

유형	지급 조건 및 내용
축하금	자녀 출생, 초등학교 입학 등의 사유 발생 시 지급
자녀교육자금	자녀 대학 입학 시 등록금·학자금(정액) 지원 목적으로 지급
자립자금	성년(예: 만 20세) 등 일정 시점에 지급
건강진단자금	일정한 나이(예: 60세) 도달 시 건강진단 지원을 위해 지급
생활·여행자금	생활비 또는 여행 경비 목적으로 주기적으로(예: 5년마다) 지급되는 보험금
배당금	보험회사가 자산 운용 등을 통해 얻은 추가 수익을 계약자에게 돌려주는 보험금(유배당보험계약만 발생)
사고분할보험금	장해, 진단, 사망 등 사고 관련 보험금을 연금 형태로 지급·수령하는 보험금으로 장해연금, 유족연금, 진단연금 등이 있으며, 계좌 불명 등으로 지급이 중단되면 숨은 보험금이 발생

2. 만기보험금

만기보험금은 피보험자가 만기까지 살아 있을 경우 보험회사가 지급하는 금액으로서 보험계약의 만기가 도래한 이후 소멸시효가 완성되기 전(2015년 3월 이전은 소멸시효 2년, 2015년 3월 이후는 소멸시효 3년)의 보험금을 말한다. 만기환급금이라고도 하며, 이는 생존보험이나 양로보험(생사혼합보험) 등 생명보험 상품에만 있고 손해보험 상품에는 없다. 만기보험금은 보통 보험가입자가 낸 보험료에서 사업비와 보장성보험료를 제외한 저축성보험료 부분의 원금과 이자를 지급한다. 중도보험금의 경우 보험계약 만기가 도래하면 자동적으로 만기보험금으로 전환된다. 참고로 만기금을 계산할 때 보험회사에서는 현가로, 기타 금융기관들은 종가로 계산한다.

3. 휴면보험금

휴면보험금이란 보험계약 만기 또는 해지(실효) 등 보험금의 지급 사유가 발생하여 법적으로 청구권 소멸시효가 완성된 후에도 보험계약자나 수익자가 보험회사로부터 해당 보험금을 찾아가지 않아 남아 있는 돈(환급금, 보험금)을 말한다. 즉, 보험료를 내지 못해 효력이 상실되었거나 계약이 만기가 되었거나 하여 보험금 지급 사유가 발생한 후 그날로부터 3년(2015년 3월 이전 계약은 2년)이 경과해 소멸시효가 완성되었음에도 계약자 등이 찾아가지 않아 보험회사 또는 서민금융진흥원에서 보관하고 있는 보험금이다. 해약환급금, 만기보험금 및 배당금 등이 이러한 휴면보험금에 해당한다. 휴면보험금은 보험회사가 보관하나 2년 이내에 보험계약자가 지급을 요청하면 찾을 수 있다.

4. 생존연금

생존연금이란 피보험자가 연금 개시일까지 생존하였을 경우 향후 생존하는 기간 동안 지급되는 연금을 말한다. 생존연금으로는 연금 지급 개시 시점의 계약자 적립금을 기준으로 계산한 연금액이 종신 또는 확정된 기간 동안 지급된다. 즉 생존연금에는 종신 연금형과 확정 연금형 등 2가지 형태가 있다. 유배당 연금 상품에 가입했을 경우에는 배당금이 해당 보험금에 포함되어 있을 수 있다.

5. 사망보험금

사망보험금은 피보험자의 사망으로 보험금 지급 사유가 발생했을 경우 보험수익자가 지급받는 보험금을 말한다. 생명보험은 사망보험계약, 손해보험은 상해보험계약에 가입했을 경우 발생한다. 생명보험사에서는 사망보험금의 종류를 일반사망과 재해사망으로 구분하고, 손해

보험사에서는 질병사망과 상해사망으로 구분하며, 사망보험금은 가입금액에 따라 달라진다. 자신의 부모가 생존 시에 보험에 가입한 사실을 자녀 등 상속인이 알지 못해 사망보험금을 못 찾는 경우가 종종 발생한다. 특히 부모나 자녀가 없는 형제자매가 보험수익자를 동생이나 조카 명의로 하여 보험에 가입했을 경우에는 무심코 지나칠 수 있으므로 피보험자 사망 이후 확인할 필요가 있다.

숨은 보험금이 발생하는 원인은 보험금 지급 사유의 발생 사실을 인지하지 못해서인 경우가 제일 많다. 보험회사가 이를 보험금 발생 시 또는 계약 만기 7일 전 등에 보험계약자에게 안내하고 있지만 주소 불명 등으로 인해 보험계약자가 이러한 사실을 인지하지 못하는 경우가 생긴다. 숨은 보험금이 압류·지급정지 계좌에 해당하는 미청구 보험금 내역의 경우에는 조회 결과에 포함되지 않으므로 해당 회사에 확인한다.

또한 보험수익자가 공동으로 지정된 경우 조회 금액은 전체 수익자 수령 금액으로 조회될 수 있으므로 개별 수익자의 최종 수령 가능 금액은 해당 회사에 확인해야 한다. 생존연금의 경우 연금보험 상품(연금저축 포함) 또는 연금 전환 특약 등을 통해 이미 지급 시기가 도래한 보험금 규모에 대해서만 조회가 가능하며 예상 연금 수령액을 조회하려면 해당 회사에 직접 확인해야 한다.

숨은 보험금, 언제 찾아야 할까

간혹 보험금을 찾아가지 않으면 무조건 높은 금리가 제공되는 것으로 오해하는 경우도 있다. 숨은 보험금 중 중도보험금과 만기보험금은 이자가 발생한다. 이 경우는 계약 체결 시점, 만기 시점, 만기 도래 이후 경과 기간 등에 따라 해당 보험 상품의 약관에서 정한 이자율이 적립되어 지급된다.

따라서 숨은 보험금을 발견했다면 보험을 가입한 시점, 이자율 구조, 만기 도래일 이후 경과된 기간 등에 따른 이자율 수준 등을 꼼꼼히 알아본 후 찾는 시점을 결정하는 것이 바람직하다. 그러나 소멸시효가 완성된 휴면보험금으로 분류된 계약은 이자가 붙지 않는다. 따라서 이 경우에는 하루라도 빨리 찾는 것이 훨씬 더 이익이다.

중도보험금과 만기보험금에 대한 가산 이자 금액의 부리 방식은 해당 계약의 체결 시점별 보험약관에 따라 상이하다. 이는 다음의 보험금 이자 부리 지급 구조를 참고하면 도움이 될 것이다.

숨은 보험금 조회하는 방법

숨은 보험금의 조회는 보험계약자 및 보험수익자에게 제공하는 사항이므로 피보험자 자격만으로는 보험금 조회 권한이 부여되지 않는다는 점을 알아둘 필요가 있다. 즉, 숨은 보험금은 접수일 현재 조회 대상자가 보험계약자나 피보험자로 되어 있는 유지 계약이나 또는 실효 계약, 만기 계약 및 휴면 계약이며 보험금, 제환급금 등의 지급이 종결된 계약은 계약 종료 후 3년 이내인 경우에 한해서 조회된다. 통합조회시스템에서 조회 가능한 보험금의 범위는 중도보험금, 만기보험금, 휴면보험금, 생존연금 등으로 사망보험금은 조회가 불가능하다.

금융 당국은 소비자가 숨은 보험금을 언제든 손쉽게 확인하고 찾아갈 수 있도록 돕기 위해 숨은 보험금 통합조회시스템을 구축하여 상시 관리하고 있다. 자신이 가입한 보험 내역을 확인하려면 인터넷 사이트에서 내보험찾아줌(cont.insure.or.kr)을 클릭한 다음 해당 절차에 따라 신청하면 된다. 365일, 24시간 이용 가능하다.

단, 이 통합조회시스템은 생명보험협회 및 손해보험협회에서 제공하는 것이므로 우체국, 수협, 신협, 새마을금고 등에서 가입한 보험 및 공제 상품 등은 조회 내용에 포함되지 않는다. 따라서 사망보험금 등 본인 명의로 가입하지 않은 보험계약, 또는 생·손보사 이외의 곳에 가입한 보험계약의 경우 금융위원회 사무처 금융서비스국 보험과에 확인한다.

숨은 보험금 수령

이는 보험회사에 따라 다르지만 일반적으로 500만 원 이하 건의 경우에는 청구권자 본인 명의의 계좌로 신청하면 숨은 보험금 수령이 가능하고, 2,000만 원 이하의 건은 청구권자(계약자, 만기보험금은 만기수익자)의 자동이체 3회 이상 이체 실적 계좌 또는 송금 등록 계좌로 수령이 가능하다. 2,000만 원 초과의 건은 해당 보험사에 직접 방문하여 수령하면 된다.

숨은 보험금의 이자 부리 지급 구조

· 생명보험의 경우 ·

보험금 지급 유형	이자 부리 기간	2001년 3월 이전 체결된 계약	2001년 3월 이후 체결된 계약
중도 보험금	지급 사유 발생일부터 계약 만기 이후 3년간 (만기가 2015년 3월 이전인 계약은 2년)	계약 시점의 예정이율 + 1%	· 지급 사유 발생일~만기: 예정·공시이율 · 만기일부터 1년간: 예정·공시이율 50% · 만기일부터 1년 경과 후 2년간: 고정 금리 1%
만기 보험금	계약 만기 이후 3년간 (만기가 2015년 3월 이전인 계약은 2년)	계약 시점의 예정이율 + 1%	· 만기일부터 1년간: 예정·공시이율 50% · 만기일부터 1년 경과 후 2년간: 고정 금리 1%

보험금 지급 유형	이자 부리 기간	2000년 3월 이전 체결된 계약	2000년 4월 부터 2001년 3월까지 체 결된 계약	2001년 4월 이후 체결된 계약

중도
보험금
	지급 사유 발생일
	부터 계약 만기 이
	후 3년간(만기가
	2015년 3월 이전
	인 계약은 2년)
		계약 시점의
		예정이율 +
		0.5%
			계약 시점의
			예정이율 +
			1%
				· 지급 사유 발생일~만기:
				  예정 · 공시이율
				· 만기일부터 1년간: 예정 ·
				  공시이율 50%
				· 만기일부터 1년 경과 후
				  2년간: 고정 금리 1%

만기
보험금
	계약 만기 이후 3
	년간(만기가 2015
	년 3월 이전인 계
	약은 2년)
		계약 시점의
		예정이율 +
		0.5%
			계약 시점의
			예정이율 +
			1%
				· 만기일부터 1년간: 예정 ·
				  공시이율 50%
				· 만기일부터 1년 경과 후
				  2년간: 고정 금리 1%

※ 휴면보험금은 생명보험과 손해보험 상품 모두 이자가 발생하지 않음
※ 상기 내용은 생명보험과 손해보험의 표준 약관을 기준으로 한 것으로 일부 상품의 경우 해당 약관에 따라 이자가 제공되는 구조가 상이할 수 있음

보험금 한 푼이라도
더 받으려면?

'보험금을 수령할 때 빨리 받는 게 유리할까? 아니면 조금이라도 더 늦게 받는 게 유리할까?'

보험회사는 약관상에서 정한 보험금 지급사유에 해당하는 보험사고가 발생하면 수익자가 그에 필요한 서류를 접수한 날로부터 제3영업일 이내에 보험금과 해약환급금을 지급해주어야 한다. 그런데 이때 지급사유에 대한 조사나 확인이 불가피한 경우에는 제10영업일 이내에 보험금을 지급해주어야 한다.

만약 보험금이나 해약환급금을 지급기일 이내에 지급해주지 못하면 지급기일의 다음 날부터 실제 지급일까지의 기간에 대해 보험계약 대출이율을 연단위 복리로 부리하여 계산한 금액을 더하여 지급해준다. 이는 보험회사가 보험금 지급을 미루는 등으로 인해 선의의 계약자가 피해를 보는 것을 막기 위해 상대적으로 이율이 높은 약관대출이율을 적용하는 것이다. 따라서 지급이 지연될 경우에는 반드시 확인을 해보아야 한다. 단, 보험가입대상자의 책임 있는 사유로 인하여 지급이 지연될 경우에는 그 해당되는 기간에 대해서는 이자가 지급되지 않을 수 있으므로 잘 살펴봐야 한다.

만기보험금의 경우 회사가 보험금 지급시기를 도래 7일 전에 지급사유 및 지급금액과 함께 알리지 않았을 경우에는 보험금 지급사유가 발생한 날의 다음 날부터 보험금 지급 청구일까지의 기간에 대해 해당 상품의 예정이율로 부리를 해주어야 한다.

회사가 정상적으로 알려주었는데 수령자가 늦게 수령하였을 경우 보험금을 1년 이내에 수령할 경우에는 예정이율의 50%를 이자로 지급해주고 1년이 경과하였을 때에는 초과기간에 대해 1%의 이율로 부리한 금액을 지급한다.

그리고 보험금 청구일의 다음 날부터 지급일까지의 기간에 대해서는 예정이율 +1%로 부리된 금액을 지급하고, 지급기일을 넘겼을 경우 그 다음 날부터 실제 지급되는 날짜까지의 기간에 대해서는 약관대출로 부리된 금액을 지급한다. 이는 만기보험금과 해약환급금, 중도에 수령하는 보험금(급부금) 모두 동일하게 적용한다. 적립이율 계산 시 확정금리형은 지급이자의 계산은 연 단위 복리로 계산하고 금리연동형(공시이율 적용)은 일자 계산을 한다.

어떤 경우
보험금을 압류하나?

국세나 지방세를 체납했더라도 국가나 자치단체 등이 체납세금 징수를 이유로 체납자의 보장성보험 상품의 보험금은 무조건 압류하지 못한다.

국세징수법과 민사집행법에 따르면 저소득층의 생계보호를 위해 보험료 납입총액이 300만 원 미만인 보장성보험의 보험금과 해약환급금, 만기환급금은 압류할 수 없다.

또한 납입보험료 총액이 300만 원을 넘었더라도 보험을 해약할 경우 지급받게 되는 150만 원 이하의 해약환급금, 1,000만 원 이하의 사망보험금, 만기 시 받는 150만 원 이하의 만기환급금은 압류되지 않는다. 특히 실손보험의 경우는 보험금 전액을 압류 없이 받을 수 있다.

부록

부록 1 생명보험사 및 손해보험사 고객센터 연락처

생명보험사		손해보험사	
회사명	전화번호	회사명	전화번호
한화생명	1588-6363	메리츠화재	1566-7711
ABL생명	1588-6500	한화손보	1566-8000
삼성생명	1588-3114	롯데손보	1588-3344
흥국생명	1588-2288	MG손보	1588-5959
교보생명	1588-1001	흥국화재	1688-1688
DGB생명	1588-4770	삼성화재	1588-5114
미래에셋생명	1588-0220	현대해상	1588-5656
KDB생명	1588-4040	서울보증	1670-7000
DB생명	1588-3131	KB손보	1544-0114
동양생명	1577-1004	DB손보	1588-0100
메트라이프생명	1588-9600	더케이손보	1566-3000
푸르덴셜생명	1588-3374	악사손보	1566-1566
신한생명	1588-5580	에이스손보	2127-2400
PCA생명	1588-4300	AIG손보	1544-2792
처브라이프생명	1599-4600	카디프손보	1544-2580
오렌지라이프생명	1588-5005	농협손보	1644-9000
하나생명	080-3488-7000		
KB생명	1588-9922		
BNP파리바카디프생명	1688-1118		
현대라이프생명	1577-3311		
라이나생명	1588-0058		
AIA생명	1588-9898		
NH농협생명	1544-4000		
IBK연금보험	1577-4117		
교보라이프플래닛	1566-0999		

부록 2 보험 세제 혜택 및 과세 여부 종합 분석

보험가입(유지) 시

적용 상품		적용 세제	세제 혜택 및 과세 여부	혜택 대상	근거 법령
보장성 보험	일반 보장성	세액 공제	만기환급금이 납입보험료를 초과하지 않는 보험계약에 한해 당해 연도에 납입한 보험료 중 연간 100만 원 한도 내에서 세액공제	일용근로자를 제외한 전 근로소득자	소득세법
장애인 전용 보험	장애인 전용	세액 공제	당해 연도에 납입한 보험료 중 연간 100만 원 한도 내에서 세액공제(단, 보장성보험 또는 장애인보험 중 하나를 선택하여 공제받아야 함)		
일반(변액) 연금보험, (개인)연금 저축보험		세액 공제	① 연금저축보험은 연간 납입한 보험료 중 400만 원 한도 내에서 13.2%(최고 16.5%) 세액공제 ② 개인연금저축보험(2000년 이전 가입분)은 연간 납입보험료의 40%(72만 원 한도)까지 세액공제	근로 소득자, 자영업자	조세특례 제한법
		비과세	일반연금보험과 변액연금보험은 10년 이상 납입 시 이자소득세 면제		
퇴직연금 보험		세액 공제	DC형(확정기여형)의 추가 납입분과 IRP(개인퇴직연금계좌) 납입분은 연금저축과 합산 연간 최대 700만 원 한도 내에서 13.2%(최고 16.5%) 세액 공제	근로자	근로자 퇴직급여 보장법
		손비 처리	확정급여형(DB형)은 기존의 퇴직보험료와 동일한 기준으로 손금산입, 확정기여형(DC형)은 전액 손비인정	기업	

적용 상품		적용 세제	세제 혜택 및 과세 여부	혜택 대상	근거 법령
단체 보험	단체 (기업)	비과세 (단체)	퇴직보험 보험료의 손금 산입 근로소득세 비과세(단, 보험회사로부터 수령받는 확정배당금은 과세), 단체 보장성보험 보험료 중 법인이 부담한 보험료는 손비 인정 비과세	단체보험 가입자 (종업원: 피보험자, 수익자)	법인세법
	개인 (근로자)	비과세 (개인)	단체보장성보험 가입 시 근로자의 경우 회사가 부담한 보험료 중 연간 70만 원까지 근로소득세 비과세(초과금액은 근로소득에 합산과세)		소득세법

연금 수령 시

적용 상품	적용 세제	세제 혜택 및 과세 여부	근거 법령
일반연금보험	비과세	10년 이상 유지 후 수령 시 비과세	소득세법
개인연금저축보험 (구 개인연금)	연금 과세	연금을 정기적(매월 또는 3개월, 6개월, 매년 등)으로 5년 이상 받으면 비과세, 연금개시 이후 5년 이내 일시금 수령 시 이자소득세 과세	조세특례 제한법
연금저축보험 (신 개인연금)	연금 과세	연금수령 기간 내내 계속 과세(3.3~5.5%의 저율과세 적용), 연금개시 이후 5년 이내 일시금 수령 시 기타소득세 추가 징수	

보험계약 종결 시

적용 시기	적용 상품	적용 세제	세제 혜택 및 과세 여부	근거 법령
중도 해지 시	저축성보험, 일반 연금보험	비과세	10년 이상 유지 시 완전비과세, 10년 이내 해약 시 정상과세	소득세법
	개인연금 저축보험	해지 가산세	가입 후 5년 이내 중도 해지 시 연간 총납입 보험료의 4.4% 한도 내에서 해지가산세 추징	
연금 외 수령 시	연금저축보험	기타 소득세	중도 해지 또는 만기가 되더라도 연금 형태로 수령하지 않고 일시금 등으로 수령하는 경우 16.5% 원천징수(단, 2013년 이전 연금저축은 기타소득세 22%)	조세특례 제한법
		해지 가산세	5년 이내 해지 시 납입보험료 대비 2.2% 해지가산세 별도 과세	
사망 시	모든 보험 상품	상속세	상속재산 간주 보험금은 사망보험금 중 피상속인이 낸 보험료의 부담비율 보험금의 20% 한도 내에서 최고 2억 원까지 공제 혜택(금융재산(보험금 포함)의 20%를 상속재산 가액에서 공제)	상속세법
만기 시 (피보험자 생존 시)	저축성보험, 연금보험 등 생존보험	증여세	계약자와 피보험자가 다를 경우 상속세 및 증여세율에 따라 과세. 단, 아래 조건 부합 시 공제 해당 금액 공제, 기간: 10년 이상, 배우자: 6억 원, 자녀: 3,000만 원(미성년자: 1,500만 원)	증여세법

※ 연금저축은 최소한 10년 이상 저축해야 하며 만 55세 이후 가입일로부터 5년이 경과된 후 일시금이 아닌 5년 이상 연금으로 분할지급받아야 한다는 기본조건을 지켜야 한다. 이를 어기고 중도 해지하면 과세이연에 따른 패널티를 적용받는다.

보험금 수령 시

수령 보험금	적용 상품	적용 세제	세제 혜택 및 과세 여부	근거 법령
생존 보험금	저축성 보험	보험 차익	10년 이상 유지 시 이자소득세 면제(10년 미만 유지 후 해약 시 보험 차익 과세)	소득세법, 조세특례 제한법
	비과세종합 저축보험	보험 차익	전 금융기관 합산적용하여 납입원금 1인당 5,000만 원까지는 발생한 이자에 대해 비과세(보험가입 후 10년 미만 해지 시에도 보험 차익 비과세)	
사망 보험금	모든 보험 상품	상속세	사망 시 수익자(법정상속인)가 순 금융재산(상속재산으로 보는 보험금)이 2,000만 원 이하는 전액 공제, 2,000만 원 초과 시는 순 금융재산의 20%를 공제(단, 공제 최고 한도는 2억 원임. 즉, 1억 원까지는 2,000만 원임)	상속세법
	모든 보험 상품	증여세	장애인 또는 상이자를 보험수익자로 하는 보험금은 연간 4,000만 원 한도에서 증여세 비과세	증여세법

중앙경제평론사 Joongang Economy Publishing Co.
중앙생활사 | 중앙에듀북스　Joongang Life Publishing Co./Joongang Edubooks Publishing Co.

중앙경제평론사는 오늘보다 나은 내일을 창조한다는 신념 아래 설립된 경제 · 경영서 전문 출판사로서
성공을 꿈꾸는 직장인, 경영인에게 전문지식과 자기계발의 지혜를 주는 책을 발간하고 있습니다.

제대로 알면 성공하는 보험 재테크 상식사전

초판 1쇄 인쇄 | 2019년 11월 15일
초판 1쇄 발행 | 2019년 11월 20일

지은이 | 김동범(DongBeom Kim)
펴낸이 | 최점옥(JeomOg Choi)
펴낸곳 | 중앙경제평론사(Joongang Economy Publishing Co.)

대　　표 | 김용주
책임편집 | 이상희
본문디자인 | 박근영

출력 | 한영문화사　종이 | 한솔PNS　인쇄 · 제본 | 한영문화사

잘못된 책은 구입한 서점에서 교환해드립니다.
가격은 표지 뒷면에 있습니다.

ISBN 978-89-6054-234-1(03320)

등록 | 1991년 4월 10일 제2-1153호
주소 | ⑆ 04590 서울시 중구 다산로20길 5(신당4동 340-128) 중앙빌딩
전화 | (02)2253-4463(代)　팩스 | (02)2253-7988
홈페이지 | www.japub.co.kr　블로그 | http://blog.naver.com/japub
페이스북 | https://www.facebook.com/japub.co.kr　이메일 | japub@naver.com
♣ 중앙경제평론사는 중앙생활사 · 중앙에듀북스와 자매회사입니다.

※ 이 도서의 국립중앙도서관 출판시도서목록(CIP)은 서지정보유통지원시스템 홈페이지(http://seoji.nl.go.kr)와
국가자료공동목록시스템(http://www.nl.go.kr/kolisnet)에서 이용하실 수 있습니다.(CIP제어번호: CIP2019040875)

중앙경제평론사에서는 여러분의 소중한 원고를 기다리고 있습니다. 원고 투고는 이메일을 이용해주세요.
최선을 다해 독자들에게 사랑받는 양서로 만들어 드리겠습니다. **이메일** | japub@naver.com